coisas
do Outro Mundo

"Às vezes, pode o verdadeiro não ser verossímil."

Gibier

CORNÉLIO PIRES

Coisas
do Outro Mundo

Aliança

1ª edição, setembro/2011, do 1º ao 3º milheiro.

(Edições anteriores publicadas pela Editora Cornélio Pires)

Título
Coisas do Outro Mundo

Autor
Cornélio Pires

Revisão
Arlete Genari

Diagramação
Sonia Maria da Silva

Capa
Alline Garcia Bullara | Felipe Rennó Martins

Ilustração
Bruno Venancio Lopes

Impressão
Prol Editora Gráfica Ltda.

Ficha Catalográfica

Dados Internacionais de Catalogação na Publicação (CIP)
— Câmara Brasileira do Livro | SP | Brasil —

Pires, Cornélio
Coisas do Outro Mundo / Cornélio Pires;
São Paulo: Editora Aliança, 2011.

ISBN: 978-85-88483-64-4 / 288 páginas

1. Contos Espíritas 2. Espiritismo 3. Psicografia
I. Pires, Cornélio II. Título.

11-00040 CDD-133.93

Índice para catálogo sistemático:

1. Contos espíritas: Espiritismo 133.93

Editora Aliança
Rua Major Diogo, 511 - Bela Vista - São Paulo - SP
CEP 01324-001 | Tel.:(11) 2105-2600 | Fax: (11) 2105-2626
www.editoraalianca.org.br | editora@editoraalianca.org.br

SUMÁRIO

ANTES DE TUDO...

Leitor, amigo ou não: este livro vai te causar uma grande e talvez desagradável surpresa. Esperavas um livro de anedotas que te distraísse, descansando-te um pouco o Espírito, e vais encontrar uma obra de conforto para o Espírito e muito pasto para a tua inteligência. Mas lê sem Espírito preconcebido e crê na minha sinceridade; fica certo de que minhas intenções são as mais puras e estou interessado no teu bem-estar mental. Parodiando Léon Denis, te direi que "não foi um sentimento de hostilidade e de malevolência que ditou estas páginas".

Para teu melhor esclarecimento, faço minhas as palavras de Léon Denis, de Kardec e de outros autores citados, incluídas no *Coisas do Outro Mundo*. São de Léon Denis também os tópicos abaixo:

Uma das mais sérias objeções lançadas ao Cristianismo pela crítica moderna é que a sua moral, e a sua doutrina de imortalidade, repousam sobre um conjunto de fatos ditos "miraculosos", que o homem esclarecido, relativamente à ação das leis da natureza, não poderia hoje admitir.

Se milagres, acrescentam, puderam ser outrora necessários para fundar a crença na outra vida, sê-lo-ão menos em nossa época de dúvida e de incredulidade? E, além disso, a que causa atribuir esses milagres? "Não é como alguns o pretenderam, à natureza divina do Cristo, porquanto seus discípulos igualmente os obtinham".

E o próprio Cristo nos diz que mais que Ele faremos se tivermos Fé como um grão de mostarda.

"A questão ficará, porém, esclarecida por uma luz intensa, e as afirmações do Cristianismo, relativamente à imortalidade, adquirirão mais força e autoridade, se for possível estabelecer que esses fatos, ditos "miraculosos", se produziram em todos os tempos, particularmente em nossos dias; que eles são o resultado de causas livres, invisíveis, que perpetuamente atuam, submetidas, porém, a imutáveis leis, se neles, em uma palavra, já não vemos milagres, mas fenômenos naturais, uma forma da evolução e da supervivência do ser".

Muitos fatos narrados neste meu humilde livrinho passam, para os ignorantes, como "milagres" ou obra de satanás...

Prossegue Léon Denis:

"Assim o Espiritismo nos oferece provas naturais, tangíveis, da imortalidade, e por esse meio nos conduz às puras doutrinas cristãs, ao próprio âmago do Evangelho, que a obra do catolicismo e a lenta edificação dos dogmas mal cobriram de tantos elementos incongruentes e estranhos. Graças ao seu estudo escrupuloso do corpo fluídico, ou perispíritos, ele torna mais compreensíveis, mais aceitáveis, os fenômenos de aparições e materialização, sobre os quais o Cristianismo repousa integralmente".

E mais:

"Cansado de dogmas obscuros, de interesseiras teorias, de afirmações sem provas, o pensamento humano há muito se deixou empolgar pela dúvida. Uma crítica inexorável joeirou rigorosamente todos os sistemas.

A fé se extinguiu em sua própria fonte; o ideal religioso desapareceu. Concomitantemente com os dogmas, perderam o seu prestígio as elevadas doutrinas filosóficas. O homem esqueceu ao mesmo tempo o caminho dos templos e dos pórticos da sabedoria.

Para quem quer que observe atentamente as coisas, os tempos que vivemos (1910) estão carregados de ameaças. Parece brilhante a nossa civilização e, todavia, quantas manchas lhe obscurecem o esplendor! O bem-estar e a riqueza se têm espalhado, mas é acaso por suas riquezas que uma sociedade se engrandece? O objetivo do homem na terra é, porventura, levar uma vida faustosa e sensual? Não! Um povo não é grande, um povo não se eleva senão pelo trabalho, pelo culto da Justiça e da Verdade.

Em que se tornaram as civilizações do passado, aquelas em que o indivíduo não se preocupava senão com o corpo, com as suas necessidades e as suas fantasias? "Acha-se em ruínas; estão mortas".

"Contra essas doutrinas de negação e morte, falam hoje os fatos. Uma experimentação metódica, prolongada, nos conduz a esta certeza: o ser humano sobrevive à morte e o seu destino é obra sua".

E sobre os fatos diz:

"Esses fatos vão despertar no íntimo das consciências as verdades aí adormecidas. Eles restituirão ao homem a esperança, com o elevado ideal que esclarece e fortifica".

Assim seja!

O PAPA E A ETIÓPIA

Do *The Two Worlds*:

A situação do Papa em relação à invasão da Itália na Abissínia foi questionada por muita gente à qual deram a seguinte resposta engenhosa, mas que não satisfaz: "O Papa é um pobre velho à porta da morte; o que pode ele fazer?" O órgão do Vaticano guardou um silêncio cauteloso, até ver de onde soprava o vento. Uma semana depois da remessa das primeiras tropas para a África, ele publicou um artigo que continha o seguinte:

"A colonização deve ser considerada como um grande trabalho de solidariedade humana, um trabalho de grande ousadia, de profunda força de vontade, de amor paternal. Nenhum povo ou raça tem o direito de viver no isolamento. A grande riqueza do mundo, com que Deus tão liberalmente dotou a terra, deve ser o patrimônio de todos..."

Não foi feita alusão alguma aos gases mortíferos empregados. Nem tampouco ao assassínio de centenas de mulheres e crianças pelos métodos odiosos da técnica moderna, que nada significa para o "Observatore Romano". Ele só trata da distribuição liberal das grandes dádivas de Deus e assegura que qualquer movimento no sentido da colonização "será conduzido de acordo com os princípios da moralidade".

ESPIRITISMO CRISTÃO

O Espiritismo cristão, não sendo Seita, nem cuidando de proselitismos, como Religião, baseia-se no ensinamento máximo do Cristo de Deus que resumiu tudo quanto foi dito nos livros sagrados a um só mandamento: **"Ama a Deus sobre todas as coisa e ao próximo como a ti mesmo"**, Pois nesse mandamento de Jesus estão sintetizados **os dez mandamentos da lei de Deus**.

O Espiritismo cristão, mais cedo ou mais tarde, fará aos católicos romanos, aos protestantes e aos adeptos de outros credos, a Caridade de robustecer-lhes a Fé com os fatos que provam a imortalidade da Alma, que se transforma em Espírito ao deixar o invólucro material.

Como Religião, o Espiritismo cristão nos religa a um Pai que é **amor** e não chibata, e que, sendo Amor, não iria matar seu próprio filho Jesus em benefício de uma humanidade perversa.

O Espiritismo cristão nos proporciona a **fé racionada**, arrebata-nos ao jugo do Dogma e nos ensina a compreender a **Deus como ele é**.

O Espiritismo cristão nos torna Tolerantes, Pacientes, Resignados, Caridosos, Humildes e Perdoadores e nos faz compreender o espírito dos Evangelhos, que santifica, e não a **letra** que nos confunde e traz a balbúrdia das interpretações e nos mata. Ao espírita não interessa saber se os Evangelhos foram escritos 70, 80, ou 90 anos depois da morte de Jesus, se o corpo do Mestre era ou não fluídico, se os primeiros apóstolos eram ou não analfabetos, se Jerônimo, autorizado por um dos papas, pouca coisa pôde selecionar para organização do Novo Testamento; se traduções e retraduções mais confundiram a **letra**... "O espírita quer a **doutrina** do **mestre: amar a deus sobre todas as coisas e ao próximo como a ti mesmo"**.

O espírita vê, em todos os seres, Irmãos, criaturas do mesmo Pai. Sabe o espírita que toda pessoa que procura tornar-se melhor para com seu semelhante e para tal se esforça, vai rumo a Deus; sabe o espírita que Deus não é exclusivista e que **toda a prece pura é boa** e agrada ao Pai saia de qualquer templo material ou de templo material nenhum, contanto que saia do verdadeiro templo que é o coração, lugar onde está o reino de Deus, segundo o ensinamento do Cristo, Jesus de Nazaré.

O espírita sabe que não é um preferido de Deus, pois sendo o Pai a Justiça Perfeita não deserdará um filho em proveito de outro, assim como sabe que o Espiritismo cristão vem nos tornar melhores e facilitar nosso esclarecimento no Espaço, tornando mais curta nossa perturbação, produzida pelo desencarne.

ONDE ESTÁ O REINO DE DEUS?

Os fariseus perguntaram a Jesus: – "Quando Chegará o Reino de Deus?"

A reposta de Jesus foi esta:

"O Reino de Deus não virá com ostentação. Ninguém poderá dizer: Ei-Lo aqui! Ei-Lo ali! Vede-O" "O Reino de Deus está dentro de vós".

"O Reino de Deus é teu coração. Limpa-o para que o Pai nele reine.

POR QUE ME TORNEI ESPÍRITA

Não desejava cuidar de mim neste livro, mas tão constantes são as perguntas, por que me tornei espírita, que resolvi contar neste capítulo ligeira história de minha vida.

Caipirinha, tímido, vim de Tietê para a capital em começos de 1901. Vim morar em casa de minha tia, dona Belizária Ribeiro, viúva do grande filólogo e polemista invicto, o gramático e romancista Júlio Ribeiro. Minha tia, que já havia criado uma ninhada de sobrinhos, parentes e não parentes, facilitando-lhes os estudos e perdoando calotes de estudantes farristas, vestindo e dando livros a estudantes sem recursos, sempre achou maneira de tirar da sua pobreza de dona de pensão, daqueles tempos, à Rua da Quitanda nº 11, o necessário para os necessitados.

Era protestante aquela santa criatura que ficou conhecidíssima de diversas gerações de bacharéis em direito, engenheiros, professores e comerciários. Logo de início pôs o **Evangelho** nas mãos e mandou-me para a escola instalada nos fundos da Igreja Presbiteriana, à Rua 24 de Maio. Ali fui aluno daqueles belos e cultos Espíritos que, na matéria, se chamaram Eduardo Carlos Pereira e Benedito Ferraz de Campos; homens que pregavam a letra do Evangelho e, com seus exemplos, o espírito vivificador.

Li os Evangelhos e, mesmo não lhes alcançando o espírito, fiquei encantado com os ensinamentos de Jesus. Quando ia a Tietê, falava a todos sobre a doutrina de Jesus e despertei o interesse de minha mãe e de minhas irmãs pelos Evangelhos.

Tais benefícios receberemos desse livro, que, mesmo não crendo, ao irmos para o Espaço, para lá levamos a letra e mais fácil nos será alcançarmos o seu espírito, a sua luz – e note-se que dificilmente baixam Espíritos de protestantes, especialmente de ministros, para serem esclarecidos; creio que, no Espaço, eles são esclarecidos com grande facilidade por já levarem na bagagem os conhecimentos evangélicos.

Conhecedor dos Evangelhos, mais tarde, comecei a me entristecer. Cá, no meu íntimo, minha razão não queria aceitar um Deus que criava filhos para depois dar preferência a uns, sacrificando a outros; um Deus que sendo Amor e Piedade, criava entes fracos para depois dá-los ao **fogo eterno** (Hoje compreendo que se o erro for eterno, eterno, logicamente, será o "inferno"). Comecei a me entristecer e grande risco corri de cair na descrença.

Comecei a encontrar contradições nos Evangelhos... Jesus dissera que **não viera alterar a lei**, mas confirmá-la, no entanto a lei mandava: – "Olho por olho, dente por dente" – e Jesus me dizia: – "Perdoa aos teus inimigos". A lei mandava que morresse a pedradas aqueles que fossem apanhados em adultério e Jesus dizia a Madalena, depois que seus perseguidores fugiram ante a frase – aquele que não tiver pecado atire a primeira pedra – "Alguém te condenou?" – "Ninguém, Senhor" – "Vai, não peques mais, pois eu também não te condeno". Contradições... contradições...

Quando os ministros me perguntavam por que não fazia minha profissão de Fé, eu lhes apresentava essas objeções, eles me respondiam com sua constritora, dogmática e sofistica **teologia** e maior era a minha confusão.

É que eu estava apegado à **letra** e nem sabia que os primeiros apóstolos eram analfabetos e que as seleções dos tópicos evangélicos haviam passado por traduções e retraduções e que deles apenas devia aproveitar a **doutrina** e não as palavras que, na pobreza da linguagem humana, raramente traduzem integralmente aquilo que queremos dizer.

Eu acreditava num Pai de todos nós, indiferentes, ateus, católico-romanos, protestantes, muçulmanos, maometanos, budistas, dos indígenas e dos irracionais. Eu queria um Deus que aceitasse a prece de todos os seus filhos, subdivididos em seitas religiosas, mas todos buscando a um Pai, Criador de todas as coisas, praticando boas obras.

Eu queria essa religião e não encontrava e me entristecia desorientado, fugindo, como podia, à descrença. Fora encontrar meu maior tropeço justamente nos Evangelhos! Que coisa dolorosa! – É que a **letra** estava me matando aos poucos e logo eu seria um dos "mortos que enterram seus mortos".

Chegou, porém o meu dia – Graças a Deus –, o mais feliz durante minha estadia na Terra!

Para chegar, porém, a esse dia, passei por interessantes peripécias.

Indo a Caxambu – era meu motorista o Sr. José Minholo –, lá estive uns dias e seguimos para Lambari; nessa cidade o motorista, batendo a mão na testa, disse-me:

– "seu Cornélio... esqueci a bolsinha de chaves de *stepeney*[1], porta e contato, na garagem onde guardamos o carro, em Caxambu! Liguei o motor, sem perceber, com a chave sobressalente... Como vai ser agora, se estoura um pneu?"

— Não há outro recurso; visitemos a Caxambu – realmente voltamos e nada adiantou discutir com o dono da garagem: as chaves haviam desaparecido – Que fazer? Escrevi a casa Cássio Muniz & Comp., mandando-lhe o número do motor e pedindo as chaves para Poços de Caldas.

Que fosse o que Deus quisesse.

Atravessando o sul de Minas, via Varginha, cheguei a Poços e lá não recebi as chaves. Que maçada! Escrevi, pedindo-as, para São João da Boa Vista e, lá chegando, nada de chaves... Ali mandei lavar o carro, tirar os tapetes e passar o aspirador de pó no assoalho e por baixo dos assentos. Segui para Lindóia e Serra Negra. Andando sempre muito doente, constantemente atordoado, comprei uma caixa de "Eparseno" e fui tomar a primeira injeção. Eu e o farmacêutico ficamos impressionados: três agulhas foram entortadas; não penetravam e não quis mais saber de histórias... Apesar de não ser supersticioso, disse logo ao boticário: "Desisto; aqui tem coisa"...

Prosseguindo na minha vida de judeu-errante, dias depois, estava em São Carlos, para onde pedira as célebres chaves que lá não chegaram. Nessa cidade, eu, que não visitava ninguém, senti irresistível vontade de visitar o meu amigo Lobo e lá me fui à sua casa. Palestrávamos, quando

[1] Stepney Wheel: acessório muito usado nos automóveis primitivos, concebido pelo mecânico galês Walter Davies, em 1904. Hoje, conhecido como estepe. (Nota da Editora)

chegou um pretinho, cozinheiro, o Alfredo, e que foi muito festejado pelos donos da casa, e logo me dizia o Lobo:

— Este é um médium sonâmbulo formidável.

Brinquei com meu amigo:

— Cuidado que o Juqueri está lotado... – Mas, assustado, vi o Alfredo entrar em convulsões e logo o Espírito, depois de nos saudar, disse:

— Aqui, o meu amigo da esquerda – indicando-me – fez muito bem em não tomar as injeções; aquilo é arsênico e o meu irmão tem o fígado em péssimo estado – e receitou-me chá de uma planta medicinal e contra a dispepsia, pele de moela de frango reduzida a pó impalpável – dizendo-me que, vivendo eu em hotéis, fácil me seria conseguir as moelas.

Fiquei impressionadíssimo com o caso, pois nem ao Lobo contara o caso das injeções.

Desde então, comecei a me impressionar cada vez mais.

Segui viagem e, depois de muitos zigue-zagues, chegamos a Novo Horizonte, sempre temendo um estouro de pneu... Assim que chegamos, tomei de minha máquina fotográfica 6 x 9 e, no quintal, junto ao automóvel, deu-me na fantasia mandar o José "bater" uma chapa. Outra surpresa: feita a revelação e tirada a cópia, aparece-me sobre a cabeça, firmando os pés traseiros em minha testa, vendo-se-lhe as serrilhas das pernas, uma barata! Medida a proporção do seu comprimento, seria do tamanho de meu rosto... "Aqui tem coisa, seu Zé"... – dizia eu desconfiado.

De Novo Horizonte dirigimo-nos a Noroeste, sempre pedindo as chaves para determinadas cidades e as chaves não vinham. Dias depois, porém, ao voltarmos de Valparaíso, paramos para almoçar no hotel do Pires, em Pirajuí.

Ao tomarmos o carro tivemos a incrível surpresa de encontrar a bolsinha de couro, com as chaves dentro, sobre o tapete, onde o motorista teria de pôr os pés! – "Aqui tem coisa, Zé"... – continuava eu desconfiado. Maior, porém, foi nossa surpresa quando, dali a cinco quilômetros, estourou o pneu! – "Graças a Deus temos a chave" – exultou o Zé.

Viaja daqui, viaja dali, fomos à Curitiba e de lá à Ponta Grossa. No hotel do Bismara contava eu o caso da fotografia quando um senhor, de certa idade, ao meu lado, pediu-me para vê-la. Notei que o homem (hoje o meu bom confrade João Viana) estava como que concentrado, com a fotografia na mão, quando, com voz grossa e amiga, disse-me:

— É uma troça inocente... – percebendo que se tratava de um médium, pedi:

— Escreva isso nas costas da fotografia...

Tomando de um lápis escreveu: – "É uma troça inocente – Emílio". Seria o meu Emílio de Menezes? "E, antes que perguntasse, respondeu-me: – Sim, sou quem estás pensando".

Tendo o médium me dito que julgava que esse Espírito estivesse em melhor situação, fiquei aflito e penalizado, sem, então, saber a maneira de auxiliá-lo, mas o Espírito logo me confortou, dizendo-me:

— Sempre o mesmo velho coração amigo... Não te preocupes comigo, pois estando mal aqui, estou um milhão de vezes melhor que vocês aí...

Regressamos a Curitiba e ali me esperava outro fato para melhor me chamar a atenção. Fui apresentado ao Hugo Marçal e subimos ao meu quarto no Braz-Hotel, onde hoje funciona o Majestoso. Logo que entramos, Hugo ficou tomado do Espírito, de surpresa, e, empunhando um lápis, abriu meu bloco e escreveu de diante para trás, assinando.

Fui ao espelho e, ó maravilha! Dizia o bilhete: – "Amigo Cornélio – Abraços e não beijos; eu não te beijaria, nem por um conto – Emílio". – Ora, eu nem tempo tivera para contar o caso de Ponta Grossa. Lembrei-me logo de conferir as assinaturas: perfeitamente iguais!

Recebi também nessa mesma ocasião uma mensagem assinada por O. B. recomendando-me: – "Leia, estude, medite e ore". E, então, pela primeira vez, comprei livros espíritas. *No Invisível*, foi a primeira escolha, mas ao ver o *O Livro dos Espíritos* de Kardec, eu que temia até tocar num livro que trouxesse na capa esse nome, abri-lhe a esmo uma página e li: "É preferível recusar 99 verdades a aceitar uma só mistificação". Que me dizem? Pois os espíritas concordam que podem ser mistificados!? E eu, que tanto combatia o Espiritismo, perdi o medo e comprei o *O Evangelho segundo o Espiritismo*, o *O Livro dos Espíritos* e o *O Livro dos Médiuns*... Depois, não houve mãos a medir... Li as obras de Léon Denis, de Bozzano, de Moses, de Buê, de Flammarion, de Gibier, de Lodge, de Zholner, de De Rochas, do Padre Alta, de Dellane, de Croocks, do Padre Marchal, de Fernando de Lacerda, de Francisco Xavier, de Osvaldo Melo, de Inácio Ferreira, Romeu A. Camargo, Vinicius, Fuzeira, Owen,

D' Arganel, Vives, Findslay, Quintão, de Imbassai, de Saião e de tantos mais que nem é possível enumerar, além dos artigos de Leopoldo Machado, não perdendo irradiações de Odilon Negrão e outros.

Era a sede da Verdade que eu queria saciar de uma vez, mas...

Tive então a felicidade de, em Uberlândia, entrar em contato com Bezerra de Menezes que, logo de início, me aconselhou:

— Calma, meu amigo... Calma... Chegaste à Fonte da Água Viva, mas toma-a aos poucos... Cuidado, muito cuidado com o fanatismo; ele é mil vezes pior que a descrença.

Porém lá, muito dentro de mim, continuava, como um espinho doloroso, o caso das contradições dos Evangelhos, mas antes que eu interpelasse, disse-me Bezerra:

— Onde estão as contradições nos Evangelhos?

Fiquei chocado pelo inesperado da pergunta e citei os casos.

— E Jesus não alterou um til da Lei de Deus – disse-me.

— Como assim?

Ele me respondeu com outra pergunta, e espiritualmente me senti iluminado na justa compreensão:

— Qual é a **lei de Deus**, meu amigo?

— Os dez mandamentos...

— E Jesus alterou um só deles?

— Não...

— Então não confundas a Lei de Deus com as leis que estão na Bíblia e que eram leis dos homens para homens, de grande atraso e profunda ignorância; seus autores aparentes eram médiuns a ditar leis de acordo com a época, local e necessidades de cada povo.

Continuando nossa conversa, tão franca e elucidativa, disse-lhe:

— O que me apavora no Espiritismo é aquela passagem: – "Pode o Espírito do Mal transformar-se num anjo de luz para nos seduzir"...

— Mas veja também a passagem que diz – "Pelo fruto conhecerás a árvore; se o fruto é bom, boa será a árvore, pois árvores más não podem produzir bom fruto" e para isso foi que João, o evangelista, recomendou: – "Aprendei a conhecer os Espíritos que são de Deus". Aí mesmo, na terra, vocês, com um pouco de argúcia, não distinguem logo um mistificador, de um homem de bem? Ele te mistificará uma vez, mas não duas, se estiveres atento. Quanto à prevenção contra os de cá: **oração e vigilância**. E saiba que os "curiosos" e fúteis são as vítimas escolhidas pelos enganadores.

Mais tarde aprendi, com Pai Jacob, respondendo a um que queria investigar os mais profundos mistérios de Deus, fazendo perguntas irrespondíveis, que, como disse o Espírito: "Formiga, quando quer se perder, cria asas"... e terminou dizendo ao curioso: – "Avúa munto, iôiô... avúa pra vê"... – Quem mal emprega a fecundidade de sua imaginação, mais facilmente será obsedado. Ovelha que se arreda do rebanho está mais sujeita a ser apanhada pelo lobo.

Assim foi que, recebendo claras instruções, me tornei espírita, dos menorezinhos e dos mais ignorantes.

UM PLEITO TERAPÊUTICO

A médium húngara, Madame Wunderlich, obteve um triunfo na Justiça.

Acusada de exercício ilegal da medicina, teve que comparecer ao tribunal, onde declarou que, de fato, exercia a mediunidade curadora, que era limitada a passes magnéticos ou água e algodão magnetizados, com cuja medicina conseguira curas importantes.

O Tribunal de primeira instância julgou despronunciar a médium, mas o ministério público apelou.

Madame Wunderlich requereu a citação de várias testemunhas, dentre as quais Madame Karsai, que declarou que sua filha paralítica e cega foi completamente restabelecida por Madame Wunderlich. A senhorinha Karsai também compareceu em pessoa no tribunal e afirmou a realidade da cura. Pelo mesmo modo o coronel Zergenyi e o Sr. Rothy, presidente da Sociedade Parapsychologica de Budapest, que confirmaram no tribunal se acharem completamente curados de reumatismo que os detinha há tempo, por Madame Wunderlich. O Sr. Rothy acrescentou que era testemunha de inúmeras curas da médium feitas a doentes desenganados.

Diante desses testemunhos, o Tribunal mandou encerrar o processo e deu liberdade à médium.

A CARIDADE

Paulo, o iluminado Apóstolo, na 1ª Epístola aos Coríntios, diz:

"Ainda quando eu falasse todas as línguas dos homens e a língua dos próprios anjos, se eu não tiver caridade, serei como o bronze que soa ou como o címbalo que retine: – ainda quando tivesse o dom da profecia, que penetrasse todos os mistérios e tivesse perfeita ciência de todas as coisas; ainda quando tivesse toda a fé possível, até o ponto de transportar montanhas, se não tiver caridade, nada sou. E, quando houvesse distribuído os meus bens para alimentar aos pobres e houvesse entregado meu corpo para ser queimado, se não tivesse caridade, tudo isso de nada me serviria.

A caridade é paciente; é branda e benfazeja; a caridade não é invejosa; não é temerária, nem precipitada; não se enche de orgulho; não é desdenhosa; não cuida de seus interesses; não se agasta nem se azeda com coisa alguma, não suspeita mal; não se rejubila com a injustiça, mas se rejubila com a verdade, tudo suporta, tudo crê, tudo espera, tudo sofre.

Agora, estas três virtudes: a fé, a esperança e a caridade permanecem; mas, dentre elas, a mais excelente é a caridade.

Paulo, colocando a Caridade acima da Fé – e a fé sem obras é morta –, nos faz compreender que ela está ao alcance do sábio ou do ignorante, do pobre ou do rico, do crente ou do descrente. Se a Fé é inútil sem as obras, logicamente a verdadeira caridade produz a obra e nos traz a fé, e então se prova que **"fora da caridade não há salvação"**.

Quando alguém dá uma ferramenta a um homem que quer trabalhar, não haverá a humilhação da esmola em moeda, e ambos se enobrecem e um alcança o trabalho que outro lhe facilitou.

Uma palavra de estímulo ou de conforto e orientação, grande Caridade é.

Eis que belezas se encontram a todos os momentos em *O Evangelho segundo o Espiritismo*:

"Chamo-me Caridade, sigo o caminho principal que conduz a Deus. Acompanhai-me, pois conheço a meta que deveis todos visar.

Dei esta manhã o meu giro habitual e, com o coração amargurado, venho dizer-vos: Oh! Meus amigos, que de misérias, que de lágrimas, quanto tendes de fazer 'para secá-las' todas! Em vão, procurei consolar algumas pobres Mães, dizendo-lhes ao ouvido: Coragem! Há corações bons que velam por vós; não sereis abandonadas; paciência! Deus lá está; sois d'Ele amadas, sois suas eleitas. Elas pareciam ouvir-me e volviam para meu lado os olhos arregalados de espanto; eu lhes lia nos semblantes que seus corpos, tiranos do Espírito, tinham fome e que, se é certo que minhas palavras lhes serenavam um pouco os corações, não lhes reconfortavam os estômagos. Repetia-lhes: Coragem! Coragem! Então, uma pobre mãe, ainda muito moça, que amamentava uma criancinha, tomou-a nos braços e a estendeu no Espaço vazio, como a me pedir que protegesse aquele ente que só encontrava, num seio estéril, insuficiente alimentação.

Alhures vi meus antigos, pobres velhos sem trabalho e, em consequência, sem abrigo, presas de todos os sofrimentos da penúria e, envergonhados de sua miséria, sem ousarem, eles que nunca mendigaram, implorar a piedade dos transeuntes. Com o coração túmido de compaixão, eu, que nada tenho, me fiz mendiga para eles e vou, por toda a parte, estimular a beneficência, inspirar bons pensamentos aos corações generosos e compassivos. Por isso é que aqui venho, meus amigos, e vos digo: Há por aí desgraçados em cuja choupana falta o pão, os fogões se acham sem lume e os leitos sem cobertas. Não vos digo o que deveis fazer; deixo aos vossos bons corações a iniciativa. Se eu vos ditasse o proceder, nem um mérito vos traria a vossa boa ação. Digo-vos apenas: Sou a Caridade e vos estendo as mãos, pelos vossos irmãos que sofrem.

Mas, se peço, também dou, e dou muito. Convido-vos para um grande banquete e forneço a árvore onde todos vos saciarão! Vede quanto é bela, como está carregada de flores e de frutos! Ide, ide, colhei, apanhai todos os frutos dessa magnificente árvore que se chama a beneficência. No lugar dos ramos que lhe tirardes atarei todas as boas ações que praticardes e levarei a árvore a Deus, que a carregará de novo, porquanto a beneficência é inexaurível. Acompanhai-me, pois, meus amigos, a fim de que vos conte entre os que se arrolam sob minha bandeira. Nada temais; eu vos conduzirei pelo caminho da salvação, porque sou a **Caridade**. (Carita – martirizada em Roma)".

Vê, caro leitor, quanta delícia a te suavizar o coração deixas de fruir, por não leres os livros espíritas-cristãos!

Não esperes o pobre estender-te a mão; vai ao seu encontro e dá-lhe o auxílio sem ostentação: quem mais lucrará não será ele, será teu coração que se encherá de suavidade, facilitando a entrada de Deus em seu Reino, que é o teu próprio coração! O pobre que não pede sofre muito mais que o que estende a mão à caridade, pois este sempre algo consegue e ele nada tem.

A caridade nos vem, muitas vezes, sem que o percebamos e quando menos esperamos, sem o mínimo dispêndio monetário. O caso se deu comigo e não o cito por vanglória, Deus bem sabe, mas para citar um exemplo.

Eu morava na Casa Verde e começava a me interessar pelo Espiritismo cristão, mas não me despojara ainda de meus inúmeros vícios. Saía de um clube de jogo da maior colmeia de vícios de São Paulo, o Prédio Martinelli, pelas 3h30min da madrugada, com fome, sono, saturado de sarro de cigarro, com o dinheiro suficiente para pagar uma corrida de automóvel.

Tomei um carro, sentei-me ao lado do motorista e, notando que o homem parecia muito triste, pus-me a conversar. A certa altura, o homem suspirou e me disse:

— Meu senhor, eu não sei quem é o senhor, mas sua voz me agrada de tal maneira, pela doçura, que vou lhe contar minha situação; vou falar com o senhor como se um filho falasse a um pai...

— Se eu lhe puder ser útil...

— Sou casado, tenho quatro filhinhos e minha mulher errou... Ninguém a denunciou; ela mesma começou a se entristecer e, há dias, chorando, desesperada, tudo me confessou. Eu não podia deixar meus filhinhos sem a mãe e sair para cuidar da vida com o carro. Desde então ela começou a dormir sobre o cimento – na cozinha – frio nestes tempos e, quando chego em casa, levando um pedaço de carne para as crianças, ela está cozinhando e chorando; nossa alimentação tem sido temperada com lágrimas. Ela está arrependida, mas que papel farei se aceitá-la de novo?

— Fará o papel de um bom cristão – disse-lhe eu.

— A sua mulher, a esposa que errou, morreu. O senhor agora vai ter uma nova companheira, uma mulher que vai ajudá-lo a criar os filhinhos. Ela se arrependeu tanto que lhe confessou o erro: perdoe-lhe; chegue à sua casa, com o frio que está fazendo, e chame a sua companheira de novo para o seu convívio, e aquele Espírito martirizado pelo próprio erro vai ser confortado e de novo sentirá o alívio da esperança, tendo fé na sua própria regeneração pela caridade de seu gesto de Pai e esposo.

A informação que tive é de que aquela mulher é muitas vezes escrava: da gratidão, do dever, da obediência e doce submissão à sua responsabilidade de mãe e esposa.

Quantas vezes ouvimos de uma mãe: – "Fale com meu filho... Convença-o de que nós não estamos sentidos... Que volte para a nossa casa". Haverá maior caridade que a que se faz sem dispêndio monetário?

Disse Francisco Cândido Xavier, numa mensagem recebida em Bordeaux, em 1861:

"Quando a Caridade regular a conduta dos homens, eles conformarão seus atos e palavras a esta máxima: – "Não façais aos outros o que não quiserdes que vos façam".

Procurando desenvolver-me como médium semi-mecânico, recebi uma poesia sobre a caridade, principalmente para com os órfãos, as viúvas e os estrangeiros, conforme a recomendação de Jesus; e a poesia terminava com esta quadrinha que achei interessantíssima pela originalidade da comparação:

"Mas palavras, sem ação...
são quais fumaças de forno
que espalham mais fome em torno
em vez de espalhar o pão".

E assinou: Mecena.

DEVERES DOS FILHOS

Tão sublimes são os ensinamentos dados pelo *Evangelho segundo o Espiritismo*, que todas as famílias, mesmo sem o sentimento religioso, ou crente de qualquer ramificação do cristianismo, deviam ter em casa como livro de cabeceira.

Sei que muita gente, que teme até a palavra **espiritismo**, como temi noutros tempos, vai ter este meu pequeno e despretensioso trabalho à mão e só assim poderá ler páginas de admiráveis livros de onde extraí grandes coisas como as que se seguem, sobre o mandamento: – Honra! Vosso pai e vossa mãe.

Piedade filial – "O mandamento: 'Honrai ao vosso pai e a vossa mãe' é um corolário da lei geral de caridade e amor ao próximo, visto que não pode amar ao seu próximo aquele que não ama a seu pai e sua mãe; mas o termo honrai encerra um dever a mais para com eles: toda piedade filial. Quis Deus mostrar, por essa forma, que ao amor se deve juntar o respeito, as atenções, a submissão e a condescendência, o que envolve a obrigação de cumprirem-se para com eles, de modo ainda mais rigoroso, tudo o que a caridade ordena relativamente ao próximo em geral. Esse dever se estende naturalmente às pessoas que fazem as vezes de pai e de mãe, as quais tanto maior mérito têm, quanto menos obrigatório é para elas o devotamento. Deus pune sempre com rigor toda a violação desse mandamento.

Honrar o seu pai e sua mãe não consiste apenas em respeitá-los; é também assisti-los na necessidade; é proporcionar-lhes repouso na velhice; é cercá-los de cuidados como eles fizeram conosco, na infância.

Sobretudo, para os pais sem recursos é que se demonstra a verdadeira piedade filial. Obedecem a esses mandamentos os que julgam fazer grande coisa porque dão a seus pais o estritamente necessário para não morrerem de fome, enquanto que eles de nada se privam? Atirando-os para os cômodos mais ínfimos da casa, apenas por não os deixarem na rua, reservando para si o que há de melhor, de mais confortável? Ainda bem quando não o fazem de má vontade e não os obrigam a comprar caro o que lhes resta a viver, descarregando sobre eles o peso do governo da casa. Será então aos pais velhos e fracos que cabe servir a filhos jovens e fortes. Ter-lhes-á a mãe vendido o leite, quando os amamentava? Contou, por ventura, suas vigílias quando eles estavam doentes, os passos que deram para lhes obter o de que eles necessitavam? Não, os filhos não devem a seus pais pobres só o estritamente necessário; devem-lhes, também, na medida do que puderem, os pequenos nadas supérfluos, as solicitudes, os cuidados amáveis, que são apenas o juro do que receberam, o pagamento de uma dívida sagrada. Essa unicamente a piedade filial grata a Deus.

A quantos mil tocarão essas carapuças?".

A REVELAÇÃO CONTINUA

O Pastor de uma grande Igreja Episcopal de Nova York visitou a redação de *Psychic News* e declarou que um membro de sua congregação é médium psicográfico, sendo as sessões realizadas no santuário de sua igreja. O Pastor leu as obras de Sir Oliver Lodge, de Sir Conan Doyle e muitas outras de autores espiritualistas. Ele está tão impressionado com a concordância dos fatos, a ponto de estar preparando um livro para divulgar as revelações recebidas pelo médium.

Psychic News

AMOR MATERNO

Aprendam um pouco mais em *O Livro dos Espíritos* os que fogem às leituras de cunho espiritual.

— Será uma virtude o amor materno, ou um sentimento instintivo, comum aos homens e aos animais?

Responde o Espírito:

— "Uma e outra coisa. A natureza deu à mãe o amor a seus filhos, no interesse da conservação deles. No animal, porém, esse amor se limita às necessidades materiais; cessa, quando desnecessários se tornam os cuidados. No homem, persiste pela vida inteira e comporta um devotamento e uma abnegação que são virtudes. Sobrevive mesmo à morte e acompanha o filho até no além-túmulo. Bem vedes que há nele coisa diversa do que há no amor do animal".

— Estando em a natureza o amor materno, como é que há mães que odeiam os filhos e, não raro, desde a infância destes?

— "Às vezes é uma prova que o Espírito do filho escolheu, ou uma expiação, se aconteceu ter sido mau pai ou mãe perversa, ou mau filho, n'outra existência. Em todos os casos a mãe má não pode deixar de ser animada por um mau Espírito que procura criar embaraços ao filho, a fim de que sucumba na prova que buscou. Mas, essas violações das leis da natureza não ficarão impunes e o Espírito do filho será recompensado pelos obstáculos de que haja triunfado".

Respondeu o Espírito a outra pergunta:

— Pode-se considerar como missão a paternidade?

— "É sem contestação possível, uma missão. É, ao mesmo tempo, grandíssimo dever e que envolve, mais do que pensa o homem, a sua responsabilidade quanto ao futuro. Deus colocou os filhos sob a tutela dos pais, a fim de que estes o dirijam pela senda do bem e lhes facilitou a tarefa de dar àqueles uma organização débil e delicada, que os tornam propícios a todas as impressões. Muitos há, no entanto, que só cuidam de aprumar as árvores do seu jardim e de fazê-las dar bons frutos em abundância, do que de formar o caráter de seu filho. Se este vier a sucumbir por culpa deles, suportarão os desgostos resultantes dessa queda e partilharão dos sofrimentos do filho na vida futura, por não terem feito o que lhes estava ao alcance para que ele avançasse na estrada do bem".

— São responsáveis os pais pelo transviamento de um filho que envereda pelo caminho do mal, apesar dos cuidados que lhe dispensaram?

— "Não; quanto piores forem as propensões do filho, tanto mais pesada é a tarefa e tanto maior o mérito dos pais, se conseguirem desviá-lo do mau caminho".

E Deus permita que esses ensinamentos calem fundo nos Espíritos dos pais.

OS TRÊS PERÍODOS ESPÍRITAS

Por meio do Espiritismo, a humanidade tem que entrar numa nova fase, a do progresso moral que lhe é consequência inevitável. É esta a razão da difusão das ideias espíritas. Todos os que o estudam veem nele mais do que um passatempo, veem delinear-se diante de si um futuro feliz; e como todos aspiram à felicidade, é justo que uma ideia que liberta e felicita se propague com grande rapidez.

O desenvolvimento do Espiritismo apresenta três períodos: 1º o da curiosidade, que seus fenômenos despertam; 2º o raciocínio e da filosofia; 3º o da aplicação e das consequências. O da curiosidade é passageiro, a curiosidade dura pouco; o 2º período começou: meditação e raciocínio; o 3º virá inevitavelmente. – *Allan Kardec.*

AOS MEUS AMIGOS RICOS

Jesus dizendo que mais fácil seria um camelo (cabo grosso feito de pelo de camelo, usado pelos navegantes do Oriente) passar pelo fundo de uma agulha, do que um rico se salvar, não condenou a riqueza, mas a maneira de guardá-la ou empregá-la e o risco da obsessão pelo dinheiro, que deve ser um escravo e não um senhor; que deve ser aplicado, dando trabalho aos homens e não acumulado com usura. O que Ele condenou foi a usura e não a riqueza, pois esta é distribuída – quando honestamente construída – por Deus –; daí as palavras do Mestre: "Aquele que acumula tesouros sobre a terra, acumula sobre si a ira de Deus". (A palavra ira não deve ser interpretada ao pé-da-letra).

Perder-se-ia todo o corpo, devido a uma gangrena num braço, eu corto o braço. Foi o que fez um homem simples, um caipira rico, eliminando a riqueza para não se perder e alcançar um pouco de paz aqui mesmo na terra.

Esse homem, que não era um religioso, de um dia para outro começou a dar o seu dinheiro a torto e a direito, gastando à larga, até ficar sem nada e de novo se pôs a trabalhar para viver. Julgaram que o homem tivesse enlouquecido e perguntaram-lhe por que agia daquela maneira:

— Uai! O dinheiro é pra gente mandar nele e não prele mandar na gente. Primeiro garrei ficar com dó de gastar; depois garrei a perder o sono de medo dos meus devedores não me pagarem e o meu corpo pegou a sofrer e eu tive saudade do tempo que era pobre, trabalhava, tinha apetite e dormia que era uma boniteza. Botei o veneno para fora e agora trabalho, como bem e durmo melhor e até as doenças novas que já estavam me pegando, me largou sossegado: doença de gente rica...

Este pobre homem agiu por egoísmo e não soube aplicar o que lhe foi dado, como se vê na seguinte parábola de Jesus:

"O Senhor age como um homem que, tendo de fazer uma longa viagem fora de seu país, chamou seus servidores e lhes entregou seus bens. — Depois de dar cinco talentos a um, dois a outro e um a outro, partiu imediatamente. — Então, o que recebera cinco talentos foi-se, negociou com aquele dinheiro e ganhou cinco outros. — O que

recebera dois ganhou, do mesmo modo, outros tantos. Mas, o que apenas recebera um, cavou um buraco na terra e aí escondeu o dinheiro de seu amo. — Passado longo tempo, o amo daqueles servidores voltou e os chamou a contas. Veio o que recebera cinco talentos e lhe apresentou outros cinco, dizendo: Senhor, entregastes-me cinco talentos; aqui estão, além desses, mais cinco que ganhei. Respondeu-lhe o amo: Servidor bom e fiel, pois que foste fiel em pouca coisa, confiar-te-ei muitas outras; compartilha da alegria de teu senhor. O que recebera dois talentos apresentou-se, a seu turno, e lhe disse: Senhor, entregastes-me dois talentos; aqui estão, além desses, dois que ganhei. O amo lhe respondeu: bom e fiel servidor, pois que foste fiel em pouca coisa, confiar-te-ei muitas outras; compartilha da alegria de teu senhor. Veio em seguida o que apenas recebera um talento e disse: Senhor, sei que és homem severo; que ceifas onde não semeaste e colhes de onde nada puseste; — por isso, como te temia, escondi o teu talento na terra; aqui o tens, restituo-te o que te pertence. — O homem, porém lhe respondeu: Servidor mau e preguiçoso, se sabias que ceifo onde não semeei e que colho onde nada pus — devias pôr o meu dinheiro nas mãos dos banqueiros, a fim de que, regressando, eu retirasse com juros o que me pertence. — Tirem-lhe, pois, o talento que está com ele e dêe-no ao que tem dez talentos; porquanto se dará a todos os que já têm e esses ficarão cumulados de bens; quanto a aquele que nada tem, tirar-se-lhe-á mesmo o que pareça ter; e seja esse servidor inútil lançado nas trevas exteriores, onde haverá prantos e ranger de dentes".

Tenho assistido a doutrinação de Espíritos de usurários e usurarias que choram e clamam: – “Meus filhos e meus genros estão gastando todo o meu dinheiro!”, são os tais que estão nas trevas exteriores e ali ficarão até conseguirem do Senhor permissão para nova experiência de regeneração, pelas provações, na terra.

Eis um trecho de comentário inspirado e que se encontra em *O Evangelho segundo o Espiritismo*:

“Se a riqueza houvesse de constituir obstáculo absoluto à salvação dos que a possuem, conforme se poderia inferir de certas palavras de Jesus, interpretadas segundo a letra e não segundo o espírito, Deus, que a concede, teria posto nas mãos de alguns um instrumento de perdição, sem apelação nenhuma, ideia que repugna à razão. Sem dúvida, pelos arrastamentos a que dá causa, pelas tentações que gera e pela fascinação que exerce a riqueza, constitui uma prova muito arriscada, mais perigosa do que a miséria. É o supremo excitante do orgulho, do egoísmo e da vida sensual. É o laço mais forte que prende o homem à terra e lhe desvia do céu os pensamentos. Produz tal vertigem que, muitas vezes, aquele que passa da miséria à riqueza, esquece de pronto a sua primeira condição, os que com ele a partilham, os que o ajudaram a tornar-se insensível, egoísta e vão. Mas, do fato da riqueza tornar difícil a jornada não se segue que a torne impossível e não possa vir a ser um meio de salvação para o que dela sabe servir-se, como certos venenos podem restituir a saúde, se empregados a propósito e com discernimento”.

Mas não é só para com a dádiva material que devemos ter cuidado, mas muito especialmente com a espiritual, a mediunidade, por exemplo, que deve ser aplicada em benefício de todos e não enterrada como a moeda do mau servidor da parábola.

Eis um trecho de uma mensagem de Pascal:

— "O homem só possui, em plena propriedade, aquilo que lhe é dado levar deste mundo. Do que encontra ao chegar e deixa ao partir, goza ele enquanto aqui permanece. Forçado, porém, que é a abandonar tudo isso, não tem da sua riqueza a posse real, mas, simplesmente, o usufruto. Que é então que ele possui? Nada do que é do uso do corpo; tudo o que é do uso da alma; a inteligência, os conhecimentos, as qualidades morais. Isso o que ele traz e leva consigo, o que ninguém lhe pode arrebatar, o que lhe será muito mais útil no outro mundo do que neste. Quando alguém vai a um país distante, constitui a sua bagagem de objetos utilizáveis nesse país; não se preocupa com os que ali lhes seriam inúteis. Procedei do mesmo modo com relação à vida futura; aprovisionai-vos de tudo o de que lá vos possais servir.

Ao viajante que chega a um albergue, bom alojamento é dado, se o pode pagar. A outro, de parcos recursos, toca um menos agradável. Quanto ao que nada tenha de seu, vai dormir numa enxerga. O mesmo sucede ao homem, à sua chegada no Mundo dos Espíritos; depende dos seus haveres o lugar para onde vá. Não será, todavia, com o seu ouro que ele pagará. Ninguém lhe perguntará: Quanto tinhas na Terra? Que posição ocupavas? Eras príncipe ou operário? – Perguntar-lhe-ão: Que trazes contigo? Não se lhe avaliarão os bens, nem os títulos, mas a soma das virtudes que possuía. Ora, sob esse aspecto, pode o operário ser mais rico do que o príncipe. Em vão alegará que, antes de partir da Terra, pagou a peso de ouro a sua entrada no outro mundo. Responder-lhe-ão: Os lugares aqui não se compram; conquistam-se por meio da prática do bem. Com a moeda terrestre, hás podido comprar campos, casas, palácios; aqui tudo se paga com as qualidades da alma. És rico dessas qualidades? Seja bem-vindo e vai para um dos lugares de primeira categoria, onde o esperam todas as venturas. És pobre delas? Vai para um dos últimos lugares, onde serás tratado de acordo com teus haveres.

Eis tópicos da mensagem de um Espírito Protetor: (sempre tirados da obra acima citada).

"Os bens da terra pertencem a Deus, que os distribuem a seu grado, não sendo o homem senão o usufrutuário, o administrador mais ou menos íntegro e inteligente desses bens. Tanto eles não constituem propriedade individual do homem, que Deus frequentemente anula todas as provisões e a riqueza foge daquele que se julga com os melhores títulos para possuí-la".

"Uma propriedade só é legitimamente adquirida quando da sua aquisição não resulta dano para ninguém".

— Qual então o melhor emprego a dar à riqueza? – E um Espírito respondeu: "Amai-vos uns aos outros, é a solução do problema".

Eis, para terminar, alguns tópicos de uma longa e elucidativa mensagem da Lacordaire:

"O amor aos bens terrenos constitui um dos maiores óbices ao vosso adiantamento moral e espiritual. Pelo apego à posse de tais bens, destruís as vossas faculdades de amar, por as aplicardes todas às coisas materiais, Sede sinceros: Proporciona a riqueza uma felicidade sem mescla? Quando tendes cheios os cofres, não há sempre um vazio em vosso coração?"

"Nada vos pertence na terra, nem sequer o vosso pobre corpo: a morte vos despoja dele, como de todos os bens materiais. Sois depositários e não proprietários; não vos iludais. Deus vos emprestou, tendes de lhe restituir, e empresta sob condição de que o supérfluo, pelo menos, caiba aos que carecem do necessário.

Um dos vossos amigos vos empresta certa quantia. Por pouco honesto que sejais, fazeis questão de lhe restituirdes escrupulosamente e lhe ficais agradecidos... Pois bem: essa é a posição do homem rico. Deus é amigo celestial, que lhe emprestou a riqueza, não querendo para si mais do que o amor e o reconhecimento do rico. Exige, porém, deste, que, a seu turno, dê aos pobres, que são, tanto quanto ele, seus filhos.

Ardente e desvairada cobiça despertam nos vossos corações os bens que Deus vos confiou. Já pensastes, quando vos deixais apegar imoderadamente a uma riqueza perecível e passageira como vós mesmos, que um dia tereis de prestar contas ao Senhor, daquilo que vos veio da mão Dele? Olvidais que, pela riqueza, vos revestistes do caráter sagrado de ministros da caridade na terra, para serdes da aludida riqueza dispensadores inteligentes?

Portanto, quando somente em vosso proveito usais do que se vos confiou, que sois senão depositários infiéis? Que resulta desse esquecimento voluntário de vossos deveres? A morte, inflexível, inexorável, rasga o véu sob que vos ocultáveis e vos força a prestar contas ao amigo de que vos havíeis deslembrado e que nesse momento enverga de ante de vós a toga de juiz.

Em vão chamais economia e previdência ao que apenas é cupidez e avareza, ou generosidade ao que não é senão prodigalidade em proveito vosso. Um pai de família, por exemplo, se abstém de praticar a caridade, economizará, amontoará ouro, para, diz ele, deixar aos filhos a maior soma possível de bens e evitar que caiam na miséria. É muito justo e paternal, convenho, e ninguém pode censurar. Mas será sempre esse o único móvel a que ele obedece? Não será muitas vezes um compromisso com a sua consciência, para justificar, ante seus próprios olhos e aos olhos do mundo, seu apego pessoal aos bens terreais? Admitamos, no entanto, que seja o amor paternal o único móvel que o guie. Será isso motivo para que esqueça seus irmãos perante Deus? Quando já ele tem o supérfluo, deixarão na miséria os filhos, por lhes ficar um pouco menos desse supérfluo? Não será, antes, dar-lhes uma lição de egoísmo e endurecer-lhes os corações? Não será estiolar neles o amor ao próximo? Pais e mães, laborais em grande erro, se creem que desse modo granjeais maior afeição dos vossos filhos. "Ensinando-lhes a serem egoístas para com os outros, ensinai-lhes a sê-lo para convosco mesmos".

"Esbanjar a riqueza não é mostrar desprendimento dos bens terrenos; é descaso e indiferença. Depositário desses bens, não tem o homem o direito de lapidá-los, como não o tem de confiscá-los em seu proveito, Prodigalidade não é generosidade: é, frequentemente, uma modalidade do egoísmo. Um, que despenda a mancheias o ouro de que disponha para satisfazer a uma fantasia, talvez não dê um vintém para prestar um serviço. O desapego aos bens terrenos consiste em apreciá-los no seu justo valor, em saber servir-se deles a benefício dos outros e não apenas a benefício próprio, em não sacrificar por eles o interesse da vida futura, em perdê-los sem murmurar, caso apraza a Deus retirá-los. Se, por efeito de imprevistos revezes, vos tornardes qual Jó, dizei, como ele: – 'Senhor, Tu nos havia dado e nos tirastes'. 'Faça-se a Tua vontade'. Eis aí o verdadeiro desprendimento".

"O Senhor não manda que ninguém se despoje do que possua, condenando-se a uma voluntária mendicidade, porquanto o que tal fizesse se tornaria em carga para a sociedade".

Agora, meus amigos ricos, para finalizar, mais uma grande verdade; esta de S. Luis:

"O homem pode perfeitamente transmitir, por sua morte, aquilo de que gozou durante a vida, porque o efeito desse direito está subordinado sempre à vontade de Deus, que pode, quando quiser, impedir que aqueles descendentes gozem do que lhes foi transmitido. Não é outra a razão por que desmoronam fortunas que parecem solidamente constituídas. É, pois, impotente a vontade do homem para conservar nas mãos da sua descendência a fortuna que possua. Isso, entretanto, não o priva do direito de transmitir o empréstimo que recebeu de Deus, uma vez que Deus pode tirá-lo quando o julgue oportuno".

E aí estão meus amigos ricos: leiam, meditem e disponham de seu livre-arbítrio...

UM FATO SEM PRECEDENTES NO EXPERIMENTALISMO

A *Revue Spirite* publicou a seguinte nota:

"A voz direta de 'Walter', o famoso irmão desencarnado e guia da médium Margery, foi registrada pelo gramofone, depois de diversos ensaios que foram descritos no *Psychic News*. A mesma revista narra em que circunstâncias a voz de 'Walter' foi, depois de uma conferência espiritualista, irradiada a 14 de janeiro pela estação Springlied-Boston. A transmissão de uma voz direta pela I. S. F. é, cremos, um fato sem precedente nos anais do espiritualismo experimental.

Nós lembramos que 'Walter' fez registrar suas impressões digitais pela médium Margery, o que constituiu uma prova científica da sobrevivência pessoal. Mas os duvidosos se fizeram ouvir. Nós fizemos saber precedentemente que a resposta da S. E. P. americana aos ataques contra Margery apareceu finalmente sob a assinatura do Sr. B. K. Thorogood, ela elimina totalmente as dúvidas contra os maravilhosos fenômenos obtidos em Boston e reabilita aos olhos das pessoas, a poderosa e célebre médium Margery."

PEÇO PERDÃO...

Qual é a riqueza mal adquirida? – pergunto a mim mesmo e, lá muito do íntimo, respondem-me:

— É ganhar – comprando por preços irrisórios a matéria-prima e pagar o necessário ao operário para que ele e os seus, mal alimentados, pessimamente alojados, não morram de fome – nisso aplicando talvez cinco milhões de cruzeiros e "ganhando" cinquenta milhões;

— é impedindo que os homens plantem – e colherão milhares de sementes em troco de uma que morre para produzir outras – haja escassez do produto e a alimentação se torne cara e difícil, em prejuízo dos que produzem e proveito do comércio, que vende o que não plantou;

— é queimar o café – sem proveito para o fazendeiro, pois o que há é falta de esforço para abertura de mercados e o absurdo das barreiras alfandegárias – e enquanto a fumaça sobe das pirâmides de frutos dados por Deus, o trabalhador não sente o odor da fumaça de café da cafeteira, mas de cascas e paus torrados e não com a do café com que devia aquecer o estômago de manhã.

— é queimar carneiros vivos, como se fez na Argentina e se fazia na Austrália para valorizar-lhes a lã e a carne;

— é despejar azeite de oliva no mar, como se fazia na Grécia, antes da guerra, para que o consumidor se empanturre de óleo de algodão e outros da mesma espécie, tornando se hemorroidário, cata-cego, com o fígado em pandarecos.

— é aplicar cem contos de réis numa construção e tirar-lhe os juros de 300 ou quinhentos;

— é aplicar milhares de cruzeiros em luxuosos cassinos e não aplicar um único em construções de casas para os trabalhadores de todas as classes e ver estiolando mal alimentada, seminua, faminta a infância, nos porões e nos imundos cortiços;

— é apropriar-se de milhares de alqueires de terras, não plantar, não criar, não produzir e impedir que os que anseiam por um pedaço de terra, que Deus nos deu, como o ar, a luz e o calor do sol e as águas das fontes, vivam do suor de seu rosto, plantando ao menos o suficiente para que os seus não morram de fome. – Dia chegará, porém, em que o homem será dono da terra enquanto a aproveite, cultivando-a, e perderá esse direito desde que a deixe em abandono, a não ser que nela estabeleça sua moradia, pois a casa lhe pertence, é obra sua e a terra é obra de Deus e deve tocar a todos os seus filhos que nela trabalhem;

— é alugar uma esquina, instalar um balcão e entregar um papelzinho em troco do dinheiro do infeliz que, encontrando a pobreza no trabalho explorado, busca no jogo-do-bicho a "bamba" de uma sorte. E 20 centavos aqui, cinquenta ali, dez acolá e os bicheiros constroem arranha-céus e arrogantemente sorriem quando o Governo, como neste ano de 1944, tenta extirpar a praga e rosnam: – "Está faltando verba para alguma coisa?... Nós a daremos".

Sendo as nações um conjunto de homens, as que se enriquecem dessa maneira, de um ano para outro, Deus pode retirar-lhes as fortunas que lhes confiou: e é o que atualmente se dá, em grande parte da Terra.

Toda nação que faz de sua alfândega uma fonte de renda – que não seja para ser aplicada em hospitais, manicômios, asilos e escolas – encarece a vida para o povo e, a pretexto de proteger as indústrias, protegem os industriais, empobrecendo as multidões de trabalhadores.

É comum ouvir-se por aí: – "Por que, não há muitos anos, comprava-se uma lata de óleo de oliva por 1 cruzeiro e 80 centavos e pouco antes da guerra custava 10 cruzeiros e hoje custam 60 e até 70? Um terno de casimira inglesa, forrado de seda autêntica feito nos alfaiates mais careiros, custava 90 cruzeiros e um fraque 130; um chapéu Borsalino, 30; um par de sapatos inglês ou americano, 25 e hoje custa um terno de péssima qualidade 400, um chapéu de feltro 30, noutros tempos eram de pelo e não se deformavam facilmente, a 100 e 120; um par de sapatos de lindo aspecto e sem resistência, por 50 e 60, e os melhores por 100 e 200? A água mineral nos vinha de Portugal, da França, da Itália e de outros países, custava meio litro, 50 centavos e hoje? A 4 cruzeiros o litro... A gasolina chegava a Santos – dizem-me – a 30 centavos! O açúcar nos vinha de Cuba por preço irrisório, e o sal da Espanha era de ridículo preço.

Dirão: "Mas as frutas, os legumes, os ovos, etc. não passam pelas alfândegas". Mas é o reflexo – os seus preços – das taxas quase proibitivas e que trazem o encarecimento da vida dos produtores.

Mas os "homens que sabem e entendem" só veem no problema a tal da Inflação que tem costas larguíssimas.

Quem sabe se são eles que estão certos e não o meu pobre raciocínio? Se assim for, peço perdão.

AVISO DE MORTE

O *Okkultitistiche Rundschau* publicou dois fatos interessantes, dignos de registro:

• O compositor e chefe da orquestra, Sr. Van Hove, dirigindo um concerto em Genebra, ordenou de repente aos seus músicos tocarem a Marcha Fúnebre. Eles se recusaram obedecer tão extravagante ideia. Van Hove insistiu. Apenas havia acabado de soar as últimas notas, o chefe da orquestra caiu morto no solo.

• No hospital de Karlowitz, um operário de Petrovina, Franz Kozlovatz, pediu ingresso pretextando que sua morte, segundo comunicado que recebera, se daria a 26 de setembro, às 3 horas da tarde. O médico, crendo tratar-se de um caso de loucura, recolheu o indivíduo e o pôs em observação a fim de reconhecer o seu estado mental. Chegado o dia fatídico, Kozlovat deitou-se e disse à enfermeira: "Dentro de dois minutos estarei morto..." Ela riu-se muito. Mas chegadas as 3 horas que ele havia anunciado, o operário morreu, tendo o médico constatado o óbito por crise cardíaca.

TOLERÂNCIA

A intolerância traz a discussão e a discussão não traz a luz, mas a desunião, a irritação, a ira, a cólera e o ódio.

Em matéria religiosa a discussão produz efeito oposto ao desejado e cava entre os opositores intransponível abismo.

Se ambas as partes expusessem apenas, com calma, seus pontos de vista, respeitando cada qual a maneira de pensar da outra, não seria impossível que uma delas, quando menos esperasse, ouvisse da outra: "Estive pensando sobre nossos pontos de vista e parece-me que estás com a razão". "Não houve discussão e a porta ficou aberta para uma aproximação".

Em matéria religiosa, especialmente, devemos levar em consideração que, em suas preces, tanto muçulmanos, maometanos, budistas, israelitas, os crentes das diversas ramificações cristãs, tais como os católicos, os protestantes e os diversos crentes num Poder Superior, buscam ao mesmo Deus, apesar da diversidade de nomes que lhe dão. Um dia, no Espaço ou aqui na Terra, em outro renascimento, irão ao Pai, por meio de Jesus, que é **o caminho, a verdade e a vida** e já existia antes da formação da Terra, que o Pai lhe deu para salvação nossa.

Os que se julgam ateus – e muitos deles conhecemos todos nós – e sendo fortes não oprimem os fracos, sendo ricos não desamparam os pobres, sendo pacientes e dóceis sofrem com paciência e sem queixas e que dizem, sinceramente, invejar os que creem em Deus e não censuram seu próximo por crer, são ótimos filhos de Deus e fazem parte das 99 ovelhas que o Pastor abandonou para ir procurar a que se perdera. Discutir? Como, se o próprio Jesus recomendou que não discutíssemos, dizendo-nos:

"Quem és tu para implantar a crença no coração de teu semelhante? Isso ao Pai compete".

Os que não creem e chamam idiotas aos que creem, não merecem recriminações, merecem perdão: a ignorância é quase irresponsável...

Jesus nunca recomendou que discutíssemos os Evangelhos, mas recomendou sempre e muito que lêssemos e pregássemos os Evangelhos. Nunca é por maldade que os adversários nos atacam (quando isentos de interesses materiais, como o domínio da sociedade e da Terra ou temendo perdas de lucros monetários...), mas querem ser caridosos encaminhando-nos para uma verdade de que se julgam únicos possuidores, privilegiados por um deus formado de acordo com suas mentalidades, um deus ajeitado à sua maneira, de acordo com suas ideias e conveniências.

Enquanto os católicos romanos, os protestantes e os espíritas ficam discutindo na encruzilhada, cada qual a querer convencer ao outro de que o caminho que escolheu é o único certo para a casa de Nosso Pai, a noite vem e eles, discutindo, estacionam inutilmente e se atrasam na grande jornada. O mais sensato deve dizer aos outros: "Vamos em busca do mesmo Pai, de todo o coração desejo que vocês tenham a felicidade de haver encontrado caminhos mais curtos... Sejam felizes; ainda que o caminho que tomei seja mais longo, Deus me dará forças para chegar até a **Ele** e, ainda que lá chegue depois de vocês, lá nos encontraremos; somos ovelhas do mesmo Jesus e nenhuma delas se perderá... E não se esqueçam das boas obras, pois, sem elas, a Fé será morta"...

Meditando sobre os **"bons e ateus"**, perguntei a um bom Espírito a razão de ser dessa descrença – como no tópico atrás frisei – e a resposta foi esta:

– É que, na outra encarnação, talvez na anterior, ele foi um místico e abandonou a riqueza, que Deus lhe confiou por empréstimo para auxiliar aos pobres e necessitados de trabalho ou esmola, recolhendo-se numa adoração beata e egoística em busca da própria salvação, sem cuidar de seus irmãos mais fracos. De olhos e coração voltados para o Céu, não dava ouvidos ao clamor de fome de seu semelhante, não se condoía dos rotos que tremiam de frio, não enxugava uma lágrima de viúva, não acolhia um órfão, não encaminhava nem amparava a um estrangeiro... A sua fé era morta e estava sepultada no seu perispírito e ressurgirá bafejada pela boa obra, quando ele para cá retornar.

O intolerante é aquele que se faz juiz de seu próximo, quando o próprio Jesus não veio julgar à Terra. Não devemos julgar os erros alheios, mas deles tirar ensinamentos que nos tornem capazes de não cairmos no mesmo erro de nosso próximo.

Os exemplos de tolerância de Jesus não têm conta! Ele torna simples e clara a Salvação. "Certa ocasião um dos apóstolos perguntou-lhe:

— Mestre, quem se salvará? – e Ele respondeu:

— Todo aquele que se arrepender, será salvo.

Não restringiu a este ou aquele credo: generalizou.

E a Razão nos diz que o arrependimento sincero evita novo erro e, deixando de cometer um dos muitos erros, evoluímos para o Bem e para Deus. O arrependimento é o caminho para a salvação. Nós temos de evoluir pelo nosso próprio esforço, diminuindo o número de nossos erros e aumentando o de boas obras, cheios de paciência e tolerância.

Jesus pregou sempre a tolerância:

— "O que tem estômago que só suporta o leite não censura o que suporta a carne".

Um discípulo se dirige a Jesus, dizendo-lhe:

— Mestre, ali está um que dá vista aos cegos, faz andar os paralíticos e expulsa os Espíritos maus em teu nome e não é dos nossos!

— Quem não está contra nós, é por nós.

Outra vez:

— As coisas que eu faço também o fareis e, muito mais, se tiverdes FÉ como um grão de mostarda.

Jesus, sentado no solo, escrevia na areia quando se arroja, junto d'Ele, Madalena, perseguida pela multidão furiosa, empunhando pedras e a bradar:

— Manda a Lei que aquela que for apanhada em adultério seja morta a pedradas!

— Pois aquele que não tiver pecado, atire a primeira pedra – e continuou a escrever na areia. A multidão, confundida, se retirou e Jesus, voltando-se para a infeliz, perguntou-lhe:

— Alguém te condenou?

— Ninguém, senhor...

—Vai; eu também não te condeno; não peques mais.

Com que doçura tolerante disse Jesus essas palavras! Essa doçura valeu mais que todas as recriminações e censuras ásperas tão do gosto de todos nós e foi essa doçura que regenerou a adúltera, que não mais caiu no mesmo erro.

Mas há um caso em que devemos ser intolerantíssimos: é para com os nossos erros. Conhecido e ilustrativo é o seguinte caso narrado por um Espírito:

Ia um homem a se queixar do peso de sua cruz. Achava que Deus lhe dera uma cruz com peso excessivo... – e Deus só dá a cruz de acordo com as forças de cada um – Nós é que, pela exagerada ambição material, aumentamos-lhe o peso assumindo compromissos acima de nossas possibilidades, enchendo-nos de orgulho e egoísmo e desenvolvendo em nós mesmos insopitáveis invejas. Mas vamos ao caso.

O reclamante seguia bufando, fungando e suando a reclamar contra o peso da cruz, quando viu um serrote à beira do caminho e teve uma formidável ideia:

— Mas eu sou um trouxa! Cá está um serrote. Vou cortar a minha cruz. – e cortou a parte mais longa, deixando-a com os quatro braços iguais... Lampeiro botou aquele X às costas e lá se foi, sorridente, a comentar: – Agora sim, vou longe... Como eu era trouxa! Qual... Talento é talento! Os bobos que carreguem suas cruzes inteiras; não tenho nada com isso... Quem manda serem burros?

E o tal foi seguindo, seguindo, até que chegou à margem de um rio estreito, mas profundíssimo. As águas em borbotões espumavam lá, no leito profundo. Do outro lado, via-se um jardim indescritível para a pobre linguagem humana. Pôs-se a andar de um lado para o outro, quando avistou, **do outro lado**, os seus pais, irmãos e amigos queridos que lhe acenavam alegremente, dizendo:

— Graças, graças a Deus! Enfim chegaste! Aqui é o Paraíso! Vem para cá!

— Mas, como? Já estou cansado de procurar uma ponte e não acho!

— Coloca tua cruz feito ponte... Está na medida exata! – imagine-se a decepção do pobre pecador que quis ser muito sabido. Teve de voltar em procura do pedaço da cruz que tanta falta lhe fazia e que tão longe ficara...

São as reencarnações que nos são prodigalizadas a fim de voltarmos em busca dos pedaços de cruz, que vamos deixando pelos caminhos, cada vez que dizemos, ao errar: "Deus é muito bom, e me perdoará" – "O erro é humano" – "Uma vez só não faz mal" – "Vou pedir absolvição ao padre" – e vai persistindo no erro e vai tirando lascas e mais lascas de sua cruz. Mas não há por onde fugir: terá de voltar em busca de todos os cavaquinhos que foi deixando pelo caminho.

Quanto terei de juntar para reconstituir minha cruz...

TESOURO ENTERRADO

De Vesme publica em *Psychica* um relato que recebeu do Conde C. Galetéri, referente a uma propriedade em Savoia, pertencente à sua mãe, Condessa Galetéri, e como a moradia foi libertada de assombramento persistente. A família fixara residência na Itália e diversos locatários abandonaram a casa, alegando barulhos no celeiro. Pesadas portas que se abriam e fechavam com estrondo, barris que pareciam rolar de um para outro lugar, etc.

A mesma Condessa testemunhara, em tempos, esses distúrbios e, certa vez, corajosamente foi ao local para investigar, porém nada conseguiu descobrir. Decorridos alguns anos e após a morte de uma filha, ela se interessou no Espiritismo e visitou vários médiuns. Madame Signetti tinha o dom da bilocação, quando em transe, e certa vez descreveu minuciosamente a sua "caminhada" à casa assombrada, passando pelos Alpes. Lá ela viu um velho soldado, com uma perna de pau, de pé em frente da casa. A médium fez perguntas ao antigo militar e repetiu à Condessa as respostas que ia obtendo. O soldado declarou que, durante as guerras napoleônicas, conseguiu ajuntar uma pequena fortuna, saqueando os soldados tombados nos campos de batalha. Porém, decorridos muitos anos, ele se sentia perturbado pelos delitos praticados e pedia que o dinheiro fosse desenterrado e distribuído aos pobres.

A intrépida Condessa foi à sua antiga residência, cavou o solo no lugar indicado e encontrou um pote de barro cheio de moedas antigas. Vendeu-as e distribuiu o dinheiro aos pobres. Daí em diante, nada mais houve na casa e dependências.

DE COMO CONHECER O HOMEM DE BEM

Ainda é na obra de Kardec, pelos Espíritos, que aprenderemos a conhecer um homem de bem.

"Verdadeiramente homem de bem é o que pratica a lei da justiça, amor e caridade, na sua maior pureza.

Se interrogar a própria consciência sobre os atos que praticou, perguntará se não transgrediu essa lei, se não o mal, se fez todo o bem que podia, se ninguém tem motivos para dele se queixar, enfim, se fez aos outros o que desejara que lhe fizessem.

Possuído do sentimento de caridade e amor ao próximo, faz o bem pelo bem, sem contar com qualquer retribuição, e sacrifica seus interesses à justiça.

É bondoso, humanitário e benevolente para com todos, porque vê irmãos em todos os homens, sem distinção de raças nem de crenças.

Se Deus lhe outorgou o poder e a riqueza, considera essas coisas como **um depósito** de que lhe cumpre usar para o bem. Delas não se envaidece, por saber que Deus, que lhas deu, também lhas pode retirar.

Se sob a sua dependência a ordem social colocou, outros homens, tratados com bondade e complacência, porque são seus iguais perante Deus. Usa de sua autoridade para lhes levantar o moral e não para esmagá-los com o seu orgulho.

É indulgente para com as fraquezas alheias, porque sabe que também precisa de indulgência das outros e se lembra destas palavras do Cristo: "Atire a primeira pedra aquele que estiver sem pecado".

Não é vingativo. A exemplo de Jesus, perdoa as ofensas, para só se lembrar dos benefícios, pois não ignora que, "como houver perdoado, assim perdoado lhe será".

"Respeita, enfim, aos seus semelhantes, todos os direitos que as leis da natureza lhes concedem, como quer que os mesmos direitos lhe sejam respeitados".

O meio de o homem se melhorar nesta vida é procurar conhecer-se a si mesmo.

QUANDO PASSAMOS PARA O ALÉM

Toda a gente sabe que tem de deixar a Terra, mais hoje mais amanhã, e é muito natural que deseje se orientar sobre essa coisa, absolutamente certa.

Eis o que diz um Espírito, a respeito, a Kardec:

— A alma tem consciência de si mesma imediatamente depois de deixar o corpo?

— "Imediatamente não é bem o termo. A alma passa algum tempo em estado de perturbação".

— A perturbação que se segue à separação da alma e de corpo é do mesmo grau e da mesma duração para todos os Espíritos?

— "Não; depende da elevação de cada um. Aquele, que já está purificado, se reconhece quase imediatamente, pois que se libertou da matéria antes que cessasse a vida do corpo enquanto que o homem carnal, aquele cuja consciência não está pura, guarda por muito mais tempo a impressão da matéria" .

— O conhecimento do Espiritismo exerce alguma influência sobre a duração, mais ou menos longa, da perturbação?

— "Influência muito grande, por isso que o Espírito já, antecipadamente, compreendia a sua situação. Mas, a prática do bem e a consciência pura são o que maior influência exerce".

Essas instruções estão em *O Livro dos Espíritos* e dessa obra extraio também o capítulo seguinte.

ATRAÇÃO DE ESPÍRITOS

"Os Espíritos são atraídos na razão da simpatia que lhes inspire a natureza moral do meio que os evoca[2]. Os Espíritos superiores se comprazem nas reuniões sérias, onde predominam o amor do bem e o desejo sincero, por parte dos que a compõem, de se instruírem e melhorarem. A presença deles afasta os Espíritos inferiores que, inversamente, encontram livre acesso e podem obrar com toda a liberdade entre pessoas frívolas ou impelidas unicamente pela curiosidade e onde quer que existam maus instintos. Longe de se obterem bons conselhos, ou – informações úteis, deles só se podem esperar futilidades, mentiras, gracejos de mau gosto, ou mistificações, pois que muitas vezes tomam nomes venerados a fim de melhor induzirem em erro.

Distinguir entre os bons e maus Espíritos é extremamente fácil. Os Espíritos superiores usam, constantemente, de linguagem digna, nobre, repassada da mais alta moralidade, escoimada de qualquer paixão inferior; a mais pura sabedoria lhe transparece dos conselhos, que objetivam sempre o nosso melhoramento e o bem da humanidade. A dos Espíritos inferiores, ao

---

[2] É mais que sabido que os Espíritos só devem ser invocados num caso de Caridade e podemos e devemos invocar sempre, nas ruas, em nossas casas e no trabalho, o auxílio de Jesus e, muito especialmente, de nosso anjo-guardião, que está sempre atento e nos atende com alegria, nos falando pela nossa consciência. – C. Pires.

contrário, é inconsequente, a miúde trivial e até grosseira. Se, por vezes, dizem coisa boa e verdadeira, muito mais vezes dizem falsidades e absurdos, por malícia ou ignorância. Zombam da credulidade dos homens e se divertem à custa dos que os interrogam, lisonjeando-lhes a vaidade, alimentando-lhes os desejos com falazes esperanças. "Em resumo, as comunicações sérias, na mais lata acepção do termo, só são dadas nos centros sérios, onde reine íntima comunhão de pensamentos, tendo em vista o bem".

E aí está a razão de minha insistência no sentido de que o espírita deve cuidar mais de sessões doutrinárias, de boas leituras e boas palestras que de sessões práticas, a não ser que estas só se realizem com boa corrente, a portas fechadas, com único fito e esclarecer os Espíritos que estão confundidos e perturbados, no Espaço, para recebimento de passes e para os casos de consulta sobre enfermidades.

INTERESSANTES EXPERIÊNCIAS

É do *Muncer Zeitung*, a interessante notícia que se vai ler:

— "No laboratório da Sociedade de Eletricidade Rhodes, em Londres, o engenheiro chefe, Eastman, estava ocupado em colocar as canalizações de alta tensão, com o engenheiro Woodew. Para fazer certas experiências, eles fizeram obscuridade. De repente, em cima do dínamo em ação, formou-se uma esfera luminosa, no meio da qual apareceu uma mão feminina muito fina e muito nítida.

Dia seguinte, os dois engenheiro tentaram provocar o mesmo fenômeno. Só quatro dias depois se repetiu a visão, mas na bola azul formou-se desta vez uma cabeça humana, que foi fotografada. (Desde o segundo dia os dois engenheiros haviam instalado um aparelho fotográfico no laboratório).

A Zeitschrift fur Parapschologie diz que análogos fenômenos já se produziram na Alemanha, no Laboratório de Pesquisas de Freibourg, e na América, no Laboratório Shanektady.

Como se vê, os fatos se multiplicam e apresentam-se de todos os modos, convidando o homem à observação da verdade.

CIÊNCIA E PRECONCEITO

Paciência... Tenhamos muita paciência para com os senhores cientistas que se revoltam quando os julgamos ignorantes em matéria espiritual. Mas o pior de tudo é quererem eles impor, dogmaticamente, seus pontos de vista, sem investigarem as razões em que se baseia a parte contrária.

A Ciência de hoje está sempre a rir-se da de ontem, como a de amanhã se rirá da de hoje.

— Pasteur foi repelido, insultado, ridicularizado, perseguido como mistificador e charlatão. – D. Pedro II o compreendeu e lhe forneceu recursos para a fundação de seu Instituto.

— Bell, com seu telefone, estava abandonado pelos sabidos, que julgavam bobagem inútil o telefone. Pedro II o auxiliou e demonstrou aos sabidos as vantagens do telefone, no aproveitamento do tempo e na economia de transporte.

— Edison foi desfeiteado pelos sábios que se revoltaram ante a audácia de um "incrível" ventríloquo que queria divertir-se à custa deles, com seus tubos fonográficos...

— Galvani, para os cientistas, era o "mestre de dança das rãs"...

— Vulpian, o sábio francês, não acreditava que pudesse existir micróbio...

— Lord Brougham, em 1808, publicou, num jornal inglês, um artigo sobre a invenção para o aproveitamento do gás de carvão, para iluminação, o seguinte:

"Essas ridículas pretensões e asserções absurdas já foram desmentidas muitas vezes e demonstradas a esterilidade de esforços para essa invenção. É chegado o tempo do povo saber que o carvão de pedra não é o sol".

Walter Scott escrevia em 1809:

"Iluminar cidades com gás proveniente do carvão é uma quimera que faz rir".

Lord Brougham passeou pelas ruas de Londres iluminadas a gás e Scott foi presidente de uma companhia de gás...

Longa seria a lista de casos desses se mais se procurasse, naqueles e nos tempos mais recentes.

Se eles são assim, em se tratando de casos materiais, imaginem-se quando se trate de casos espirituais e de pesquisa, mais ou menos transcendental.

Há pessoas, atualmente, eruditas ou semissábias que, sendo convidadas para assistir e controlar uma "sessão de efeitos físicos", em que se verificam levitações, transporte dos objetos, materializações e mais fenômenos, sessões essas hoje muito vulgares em São Paulo e em muitas cidades do interior, respondem: "Não vou porque não creio nessas coisas"...

Em compensação há verdadeiros sábios que, duvidando, investigam sem espírito preconcebido e que passam, arrastados pela verdade dos fatos, de opositores a defensores dos "ratos espíritas".

William Croocks, nomeado pela Universidade de Londres para pesquisar e demonstrar a balela espírita, com seus famosos fatos, só aceita pelos ignorantes, mistificados por ágeis prestidigitadores, fez para mais de **mil** experiências controladíssimas, cercando mesas e objetos com fios elétricos de alta tensão e tomando as mais rigorosas medidas de precaução contra fraudes. Apresentou finalmente seu memorial **confirmando as verdades dos fatos espíritas**.

Qual a consequência de sua lealdade?

Reuniu-se a congregação e o sábio Croocks foi expulso da Universidade!

Croocks, tempos depois, abala o mundo científico com sua lâmpada, conseguindo a fotografia através dos corpos opacos!

— Chamado para reassumir seu cargo, comparece ante a congregação e diz que só reassumirá seu posto **confirmando a existência e a verdade dos fatos espíritas**. A congregação capitulou.

Além de outros – seria longa a enumeração – defendem a realidade dos fatos: Zolner, De Rochas, Lodge, Wallace, Gibier, Alexis Carrel, Richet, Lombroso, Flammarion, Ackasakoff...

Os nossos sábios dão por paus e por pedras e não querem investigar. São uns pândegos apachecados.

São culpados? Não – Seus antigos colegas da sábia França achavam que seria loucura construírem estradas de ferro, pois um comboio, desenvolvendo uma velocidade de **doze quilômetros por hora**, faria cair desacordados os que os vissem passar e os inconscientes que nele se embarcassem morreriam asfixiados; a fim de evitar a morte dos curiosos, aconselhavam que os trens corressem entre extensos tapumes...

Quando Lodge passou para o outro lado, os jornais publicaram o seguinte telegrama: (Vejam quem foi Lodge).

Londres, 23 (A. P.) – Num esforço para provar a sobrevivência após a morte, o conhecido espiritualista Sir Oliver Lodge, ontem falecido, deixou uma mensagem lacrada, em poder da Sociedade de Pesquisas Psíquicas, prometendo que "quando houver pessoas da boa vontade sentadas em torno e um 'médium' ele procurará transmitir-lhes uma mensagem", mas que isso poderá durar talvez um ano.

N. da R. – Sir Oliver Lodge, ontem falecido com a idade de 89 anos, era um dos maiores e mais conhecidos sábios da Inglaterra, havendo-se tornado famoso não só pelos seus estudos no terreno da ciência experimental, como também, pelas suas investigações e por seus escritos sobre o espiritualismo. Com efeito, em 1908, Oliver Lodge declarou publicamente que acreditava na possibilidade da comunicação com os mortos. Morrendo, na Guerra Mundial, o seu filho Raimundo, escreveu um livro célebre – o *Raymond*, em que divulgou as mensagens que disse ter trocado com o Espírito do filho.

Durante longos anos Lodge dedicou-se à Física, especialmente à eletricidade e à rádio-telegrafia. Foi presidente da Secção de Matemáticas e Física da British Association; professor da Universidade de Oxford; era doutor em ciências por sete universidades – Oxford, Cambridge, Toono, Victoria, Liverpool, Sheffield, Adelaide e doutor em leis por todas as universidades da Escócia; e possuía as medalhas da Royal Society of Arts e da Royal Society. Em 1902 foi feito cavaleiro pelo rei Eduardo VII.

A CORRENTE É INDISPENSÁVEL

[Se alguém, sem estudar química, se meter a fazer experiências, estará, naturalmente, exposto a um envenenamento ou uma explosão. Ninguém deve começar pela parte prática do Espiritismo sem conhecer a doutrina: terá decepções, senão coisas piores. Se se interessa, leia primeiro, sem espírito preconcebido, os ensinamentos básicos ditados pelos Espíritos a Allan Kardec: o *O Livro dos Espíritos* (filosofia dos Espíritos) o *O Evangelho segundo o Espiritismo* e os ensinamentos experimentais em *O Livro dos Médiuns* e quando pretender compreender os fenômenos de efeitos físicos, estude a questão fluídica em

A Gênese e procure ler obras de Léon Denis, de Bozzano e de outros autores; leia sem espírito preconcebido e siga o conselho de Paulo, o Apóstolo: "Leia de tudo e abrace o que é bom". Fique certo de que o Espiritismo cristão não precisa de nós, mas nós precisamos dele].

Os pensamentos hostis, como a indiferença, dos circunstantes, podem prejudicar muito os trabalhos espíritas, pondo em risco o médium e a própria assistência, abrindo, franqueando o campo de ação a Espíritos maus, despeitados e vingativos, muito piores que os zombeteiros e mistificadores que apenas se divertem pregando peças ou galhofando, aliás, com muita graça, para tornar vulnerável a corrente e servem, sem saber, de instrumentos indiretos dos maus.

Pouca gente tem se compenetrado da delicadeza dos trabalhos práticos do Espiritismo. Estes devem competir a Espíritos traquejados; o melhor do Espiritismo é a doutrina e as sessões mais úteis são as doutrinárias.

Logicamente, se a assistência é de pessoas chocarreiras, baixarão Espíritos chocarreiros, galhofando, mistificando, como se dá entre nós, na sociedade, onde nenhum indivíduo brincalhão e mistificador terá a audácia de se imiscuir numa roda de gente séria – a vida no Espaço é muito igual à vida na Terra, especialmente entre Espíritos que ainda não aprenderam a se desvencilhar das preocupações materiais – e é mais que sabido que os semelhantes se atraem, tanto cá como lá.

Daí o apóstolo João, o Evangelista, recomendar: "Aprendei a conhecer os Espíritos que são de Deus" –

Como? – "Pelo fruto conhecerás a árvore" – Os Espíritos que ainda não são de Deus, tanto na Terra como no Espaço, um dia se chegarão a ELE pela Dor ou pelo Amor. Daí também Kardec recomendar sempre que é preferível recusar 99 verdades a aceitar uma só mistificação. Não se deve aceitar aquilo que não esteja de acordo com a Razão e que não traga um ensinamento de Amor e Bondade.

Em muitos centros, devido à falta de vigilância e boas e curtas preces, têm se dado coisas desagradáveis, pânicos, e o que é pior, decepções aos que começam pelo fim, isto é, sem conhecimento da doutrina, querem começar pela prática.

O inexperiente que se mete a "fazer sessões" nem imagina as inconveniências e até perigos a que se expõe.

Vamos ilustrar o que dissemos com os fatos que se deram com o Dr. Gibier.

Paul Gibier, grande sábio francês, que teve seus trabalhos registrados nos Anais da Academia de Ciências da França, dentre eles o referente à sua descoberta do micróbio da raiva – e que lhe deu elevada recompensa em 1884 e, logo depois, isolou o micróbio do pênfigo (Fogo-selvagem); o sábio, que teve a coragem de enfrentar o preconceito de outros sábios, que negavam e não conheciam nem queriam conhecer. Gibier, que fora o "braço direito" de Pasteur e que, censurado pelo seu velho mestre Vulpian, por se dedicar a estudos espirituais, coisas que ele Vulpian negava sem investigar, retrucou-lhe que ele, mestre Vulpian, também negara a existência do micróbio da tuberculose... Gibier – parece incrível –, em consequência de seus trabalhos espirituais, teve de fugir para a América do Norte, terra da liberdade. Só assim pôde escapar aos intolerantíssimos negativistas.

Gibier, no começo de suas experiências, por falta de prática e ignorância da importância da corrente na realização dos trabalhos, passou por grandes e graves apuros.

Gibier, no seu notável livro intitulado *Análise das Cousas* conta:

"Mas foi, principalmente em circunstâncias que jamais esqueceria, vivesse eu mil anos, que vi de perto o imenso perigo a que uma pessoa se expõe neste gênero de estudos, *se não tiver o cuidado de instruir-se sobre certas condições requeridas, das quais não se pode prescindir absolutamente*. Devo confessar que, por aquele tempo, entregava-me às pesquisas psíquicas com bastante sem-cerimônia, tratando este assunto do mesmo modo que os outros e considerando-o como parte qualquer da fisiologia. Mas, desde então, fiquei sabendo que convém proceder de outra maneira e usar de **certas formalidades** sem as quais um experimentador, não prevenido, poderia sofrer mais de um grave desengano.

Eis o fato:

Nos últimos meses de 1886 fazia eu, quase diariamente, e sempre à noite, experiências sobre a força anímica. Duas sessões foram cercadas de peripécias. Estas sessões tiveram lugar no laboratório dos velhos edifícios do antigo Colégio Rodin, transformado, provisoriamente, naquela época, em Escola Prática da Faculdade de Medicina.

O local que eu ocupava e me servia de laboratório era vizinho dos anfiteatros de dissecação da Faculdade, *onde naquele momento existiam muitos cadáveres*. Em uma das peças desse laboratório estivera, algum tempo antes, um cadáver que me servira para estudos de medicina operatória. Quem estiver em dia com as questões de que estou tratando compreenderá a importância destes detalhes.

O médium que me auxiliava nas pesquisas era norte-americano e emitia força anímica bastante para produzir materializações e transportes de objetos a distância, sem contato.

Numa noite de um sábado, o médium, mais duas pessoas e eu, às 21hs dirigimo-nos ao laboratório da Rua Lhomond. A sessão não teve grande importância, mas ao voltarem...

... "Em caminho da Rua Lhomond à Claude Bernard, aonde íamos à procura do carro, fomos repentinamente agredidos por uma saraivada de pancadas que ouvíamos e sentíamos muito bem – posso falar a respeito. – As pancadas eram-nos dadas por detrás. Enfim encontramos um carro e o médium, que estava muito agitado e parecia bastante atemorizado, tomou lugar nele com mais dois companheiros.

No sábado seguinte, reunimo-nos no mesmo local.

A princípio as coisas anunciaram-se muito mal: apenas havíamos entrado no recinto da Escola Prática provisória; no momento em que caminhávamos ao longo de um dos anfiteatros de anatomia, ouvimos, repentinamente, um silvo seguido de violento choque de um objeto de encontro a uma antepara vizinha. Era um frasco vazio do modelo dos que servem para conservar peças anatômicas; ele havia ricocheteado sobre um de nós e caíra no chão sem se quebrar.

Uma vez no Laboratório, que estava bem iluminado, tudo correu, durante algum tempo, como da última vez, mas o médium tornava-se cada vez mais inquieto.

Enquanto nós conservamos em torno da mesa – uma mesa quadrada, simples, que eu mandara fazer especialmente – e depois de preparado o gesso (iam tentar impressões sobre o gesso) fiz em alta voz e em tom jovial, pronunciando-me em francês, de modo a não ser compreendido pelo médium – que só falava inglês – a objeção de não ser impossível, dado o lugar onde estávamos, que algum Espírito velhaco, cujo corpo tivesse sido dissecado, fizesse tudo para nos atrapalhar as experiências. (Nesse momento Gibier, sem saber, invocou o Espírito). Mal acabara de falar quando o médium foi acometido de convulsivos movimentos que lhe sacudiam o corpo todo e o faziam cair em transe.

O que ocorreu, então, foi deveras pavoroso: ele se pôs de pé, tendo os olhos desmedidamente abertos, parecendo que lhe saíam das órbitas; deu alguns passos irregulares no aposento e, todos nós, sentindo que algo de extraordinário ia suceder, erguemo-nos em guarda. O médium girou sobre si e agarrou um dos pesados bancos de carvalho que nos serviam de assento, fazendo com ele um molinete terrível. Os meus amigos debandaram às pressas, mas como eu estava sentado junto da parede, fiquei sozinho em frente daquele corpulento americano de hercúleo tipo, que queria embirrar comigo especialmente, conservando-nos ambos separados pela mesa quadrada. Nesse momento era horrível o seu rosto. Dirigiu-me o braço esquerdo tendo o índex estendido e com o direito brandiu o pesado banco por cima de sua cabeça.

A cena, nesse velho quarto de colégio, improvisado em laboratório de psicologia experimental, era realmente singular por aquela noite de dezembro; mas não foi nisso que pensei, então. Os meus amigos, atemorizados, guardavam distância e ninguém dava uma nota; só o médium deixava escapar um estertor gutural.

Não podendo afastar-me do espaço em que me achava – de um lado a parede e a mesa, do outro um aparador e um fogão – eu não perdia um gesto desse que se mostrava animado contra mim, de intenções claramente hostis. Aproximou-se mais e tendo ao alcance da mão, atirou formidável golpe com o banco, em direitura de minha cabeça.

Eu conservava todo o sangue frio e prestava-lhe a máxima atenção imaginável; e quando percebi o início do movimento que ia me atingir, segurei os dois pés da mesa, que estavam do meu lado, levantei-os vivamente, apresentando a mesa ao meu adversário e cobrindo-me com ela qual um escudo. O choque foi terrível; o banco bateu na mesa como uma pancada de catapulta, ouviu-se um estouro e o impulso fez-me recuar até a parede. A mesa ficou rachada de alto a baixo. Continuando a proteger-me com ela, empurrei-a contra o médium que largou a arma e caiu para trás numa cadeira, atacado de convulsões. Corremos sobre ele a fim de sujeitá-lo, mas foi inútil; voltou a si imediatamente, não se recordando de coisa alguma; para não assustá-lo, sentamo-nos de novo ao redor da mesa, ocultando nossa emoção.

Desta vez fiz com que ele se colocasse perto da parede. A precaução não foi inútil, porque, tendo sido de novo acometido de um transe não menos terrível, ergueu-se após a agitação convulsiva e tornou a sentar-se, com a boca contraída, os olhos fora das órbitas. Levantou-se, e nós fizemos o mesmo; ficamos os dois separados pelo fogão, mas ele empurrou a mesa e, segurando uma cadeira, encaminhou-se para mim. Do meu lado tomei do banco que ele havia me atirado e tomei-o, não como arma ofensiva, mas a fim de aparar os golpes que me fossem vibrados com a cadeira por ele brandida.

Houve ainda um momento de violência e ansiedade para todos nós, quando ele e eu ficamos frente a frente, empunhando as estranhas armas deste combate quase fantástico.

Ele continuava sempre brandindo a cadeira e eu preparava-me para recebê-la sobre meu banco, quando fui levado, não sei por que força, a tentar uma experiência, pondo a prova um meio que me fora indicado por pessoa muito em dia com essas causas, como infalível em semelhantes circunstâncias. Larguei o banco e estendi os braços para frente, dirigidos contra a pessoa do infeliz em transe, **querendo**, energicamente, que ele ficasse imobilizado. (Gibier aplicara o passe). Projetei de alguma sorte minha vontade sobre ele, acompanhando este esforço cerebral de um gesto enérgico. O efeito foi instantâneo e fiquei mais que todos, muito agradavelmente surpreendido: em vez de ser-me atirada a cadeira, foi arremessada para trás e, apesar de sólida, ficou em pedaços a ponto de não poder ser mais reparada. O médium ficou transfigurado e seu corpo foi agitado por convulsivo tremor, sendo transportado bruscamente contra a parede a três ou quatro metros do ponto em que se achava. Seus membros todos ficaram torcidos, enroscou-se em forma de bola no pavimento, junto de uma porta, e ouvimos estalarem-se-lhe as articulações.

Alguns passes terminaram por chamá-lo a si e, logo que pudemos, abandonamos esse lugar tão pouco próprio para as pesquisas psicológicas, para jamais tornarmos aí com o mesmo intuito, tendo nos munidos de luzes para tomarmos os carros que nos esperavam na rua.

"Como vimos as pesquisas psíquicas experimentais não deixam de ocasionar certos riscos aos que se entregam a elas e fazem mal a pessoas que levam isso em brincadeira".

Como veem os leitores, Gibier passou por todos esses terríveis apuros por ignorância, mas os erros dos outros devem sempre nos servir de ensinamentos. O ambiente péssimo, o **médium profissional** – não dando de graça aquilo que de graça recebeu, correndo grande risco em trabalhos que devem ser feitos às escuras ou em penumbra, para que a luz não afete o ectoplasma extraído do médium e dos assistentes; trabalhos feitos sem elevação de pensamentos, que iluminam espiritualmente o ambiente, tudo tinha de se passar como se passou.

* * *

A formação de uma corrente é mais delicada do que se pensa e todo aquele que estiver com o Espírito preocupado com coisas materiais, no momento, não deve dela fazer parte. As pessoas conscienciosas, não se achando, nessa ocasião, mais ou menos desprendidas da Terra, devem escusar-se.

Conta-se que o Dr. Bezerra de Menezes, certa vez, esclarecendo um Espírito violento, recebeu uma bofetada. Nosso amado irmão não censurou nem ao Espírito nem à corrente, dizendo apenas, com doçura: "Quem me bateu não foi o meu irmãozinho ignorante, mas a corrente que se descuidou durante os trabalhos".

Por mais de uma vez Espíritos desses têm tentado estrangular-me, mas ao levarem as mãos do médium à minha garganta, confio e nada temo, pois quem **confia** em Jesus nada teme, e o Espírito é imediatamente amarrado pelos protetores enviados pelo Mestre.

Há, porém, casos interessantíssimos em que a Fé – a Verdadeira Fé, que é a integral Confiança no Pai e em Jesus – substitui a corrente.

O caso seguinte se deu em Florianópolis, com o nosso irmão e querido confrade Dr. Osvaldo Melo, autor dos magníficos livros *Epístolas aos Espíritas* e *Sobrevivência e comunicação dos Espíritos*.

Como presidente de um grande centro espírita, cedeu o salão a um grupo. Pouco tempo depois foi avisado de que o grupo estava sendo assistido por um Espírito mistificador e foi assistir a uma das sessões. Logo de início demonstrou o Espírito a sua categoria, perguntando a Osvaldo, asperamente: "Que é que vens fazer aqui?". Nosso irmão deu-lhe uma carinhosa resposta, com doçura, mas com certa energia, e o Espírito tornou-se violento. O médium, uma senhora robusta, levantando-se, tomou de uma cadeira pela parte posterior do encosto, com ambas as mãos, terrível, elevou-a bem alto sobre a cabeça de Osvaldo, dizendo-lhe: — "Faça sua última prece! Vai desencarnar agora mesmo! Faça sua última prece!"

— Cumpra-se a vontade do Pai...

Tremendo foi o golpe, espatifando-se a cadeira, da qual voaram pedaços pela sala, ficando parte da guarda da cadeira enroscada no pescoço de nosso amigo, que apenas sentiu como que uma brisa a perpassar-lhe pelo rosto.

Osvaldo nada sofreu e o grupo teve primeiro de cuidar de se instruir, estudando os Evangelhos e as obras de Kardec, para depois reiniciar, já menos sujeito aos riscos, seus trabalhos.

Em São Paulo, em certo centro novo, formado por certas pessoas que, dizendo-se espíritas, ainda não se libertaram do orgulho e não pedem nem aceitam conselhos de pessoas instruídas na matéria e experimentadas, ao ser visitado por um espírita traquejado, teve o seu protetor desmascarado como mistificador. O Espírito, indignado, insultou o visitante e terminou dizendo-lhe: "Que é que você veio cheirar aqui? Há dois anos que até água-fluida tenho distribuído a estes trouxas". Esse espírita tem a felicidade da vidência e não se deixa, por isso, enganar pelos mistificadores. Infelizmente há centros que só aceitam a orientação de seus guias e estes, nem sempre, têm o preparo suficiente...

Mas, de quem é a culpa? – Do Espírito? – Não! – Mas dos que, não se instruindo, não lendo e meditando, não **orando e vigiando**, conforme insistente recomendação de Jesus, não sabem organizar suas correntes de proteção, verdadeiros elos de luz irradiada dos seus componentes, que afugentam e ofuscam os Espíritos que estão afeitos às trevas.

A MEDIUNIDADE E A IMORTALIDADE

Por sobre a humanidade material agita-se uma humanidade invisível, composta de seres que viveram na terra e se despojaram de suas vestes de carne. Essas duas humanidades se renovam uma à outra mediante a morte e o renascimento. Elas se penetram, influenciam-se reciprocamente e podem entrar em relação por intermédio de certos indivíduos dotados de faculdades especiais, denominados médiuns. – *Léon Denis*.

JUSTIÇA E REENCARNAÇÃO

— Em que se funda essa doutrina da reencarnação?

— "Na justiça de Deus e na revelação, pois incessantemente repetimos, o bom pai deixa sempre aberta a seus filhos uma porta para o arrependimento.

Não te diz a Razão que seria privar para sempre da felicidade eterna todos aqueles de quem não dependeu o melhorarem-se? Não são filhos de Deus todos os homens? Só entre os egoístas se encontram a iniquidade, o ódio implacável e os castigos sem remissão".

Essas são as palavras do Espírito; apreciemos agora os elucidativos comentários de Kardec:

"Todos os Espíritos tendem para a perfeição e Deus lhes faculta os meios de alcançá-la, proporcionando-lhes as provações da vida corporal. Sua justiça, porém, lhes concede realizar, em novas existências, *o que não puderam fazer ou concluir numa primeira prova.*

Não obraria Deus com equidade, nem de acordo com sua bondade, se condenasse para sempre os que talvez hajam encontrado, oriundos do próprio meio onde foram colocados e alheio à vontade que os animavam, obstáculos ao seu melhoramento. Se a sorte do homem se fixasse irrevogavelmente depois da morte, não seria uma única a balança em que Deus pesa as ações de todas as criaturas e não haveria imparcialidade no tratamento que a todos dispensa.

A doutrina da reencarnação, isto é, a que consiste em admitir para o Espírito muitas existências sucessivas, é a única que corresponde à ideia que formamos da justiça de Deus, para com os homens que se acham em condição moral inferior; a única que pôde explicar o futuro e firmar as nossas esperanças, pois que nos oferece os meios de resgatarmos os nossos erros por novas provações. A Razão no-lo indica e os Espíritos a ensinam.

O homem, que tem consciência da sua inferioridade, haure consoladora esperança na doutrina da reencarnação.

Se crê na justiça de Deus, não pode contar que venham a achar-se, para sempre, em pé de igualdade com os que mais fizeram do que ele. Sustem-no, porém, e lhe reanima a coragem, a ideia de que aquela inferioridade não o deserdará eternamente do supremo bem e que, mediante novos esforços, dado lhe será conquistá-lo. Quem é que, ao cabo da sua carreira, não deplora haver tão tarde ganho uma experiência de que já não mais pode tirar proveito? Entretanto, essa experiência tardia não fica perdida; o Espírito a utilizará em nova existência.

O QUE AÍ VEM...

"O reinado do ouro cederá lugar a um reinado mais puro; o pensamento será dentro em pouco soberano, e os Espíritos de escol, que hão vindo desde remotas eras iluminarem os séculos em que viveram e servir de balizas aos séculos vindouros, encarnarão entre vós. Que digo? Muitos se acham encarnados. A sábia palavra deles será uma chama destruidora, que causará devastações irreparáveis no seio dos velhos abusos. Quantos prejuízos antigos vão desmoronar em bloco, quando o Espírito, como uma acha de duplo gume, vier decepá-los pelos fundamentos". – "Um Espírito". *Obras Póstumas*.

RECONQUISTA A GRANDEZA!

"O Universo é infinito e eu venho de longe, atraído pela tua dor. Nada me atrai tanto como a dor, porque, somente na dor o Homem é grande, se purifica e redime, encaminhando-se para mais altos destinos. Exulta porque é o esforço de tua ressurreição. Àquele que sofre, digo: coragem! És um decaído que, na obscuridade, reconquista a perdida grandeza". Da "Minha Voz" ouvida pelo filósofo Prof. Pietro Ubaldi.

SESSÕES DE EFEITOS FÍSICOS

(O espiritualismo popular, ou vulgar, que censurais por causa da sua expressão ruidosa e de seu aspecto repulsivo, tem sua utilidade; por sua aspereza mesmo e pelos fatos físicos, penetra nas massas e impressiona pessoas, que seriam incapazes de compreender instruções metafísicas. Espírito: Imperator — Ensinos Espiritualistas. — Williams S. Moses).

Os médiuns de efeitos físicos quase sempre se desenvolvem ao mesmo tempo em que o Espírito que os apanhou e que, desenvolvidos, mais tarde, cederá seus aparelhos a Espíritos mais competentes ou especializados em operações cirúrgicas e transporte de medicamentos a serem adicionados às chamadas águas-fluídas; com eles também vão aprendendo a bem aplicar os fluidos e a capacidade de seus protegidos. Passam da fase da satisfação de curiosidades humanas à de utilidade na prática da Caridade.

Vicente, o Espírito a que farei muitas referências, por exemplo, ao se desenvolver com seu médium, realizou admiráveis sessões de efeitos físicos, inclusive uma, na Federação Espírita, em Curitiba, perante uma assistência de cerca de 350 pessoas, levitando mesa, espargindo perfumes por todo o salão, amarrando o médium de paletó e, quase instantaneamente, mostrando o médium amarrado, sem paletó e mais coisas vulgares nas sessões que se realizam na "Sociedade Metapsíquica" de São Paulo, na Federação, sob a hábil e bem controlada direção do Dr. C. G. S. Shalders, sábio engenheiro, antigo diretor da Escola Politécnica, que hoje realiza suas experiências com o médium D. Daria Porto, sob a direção do Espírito Fragoso, que, na matéria, foi advogado em Bananal.

Evoluído o Espírito – quando não é conservado nesses trabalhos por ordem superior – se lhe perguntamos se quer realizar uma sessão de efeitos físicos, responde como Vicente:

— Ora... Píres... você ainda pensa nessas coisas?! Quer melhor efeito físico que operar um fígado, isolar uma úlcera de estômago ou duodeno, endireitar um pé mal ajustado por um cirurgião ou corrigir um desvio de espinha? Deus é muito bom e nos dá a possibilidade de fazer o bem à humanidade. Para que gastar os fluidos do médium com brincadeiras? "Quem tiver de vir para a Doutrina virá sempre em seu tempo, pois a fruta não cai sem estar madura"...

Acho que o melhor das sessões de efeitos físicos e materializações são as provas de grande utilidade e não deixam de ser uma forma de caridade demonstrando aos incrédulos a imortalidade da alma (e, quando ele crer, que siga a igreja ou o rumo que quiser; só ter certeza de que a vida continua, é grande conforto).

Se a muitos só interessa do Espiritismo a doutrina que nos leva ao Amor e à Bondade, a outros interessará a parte científica. Mas devemos nos lembrar de que, assim como o Deus vingativo e castigador criado pelo romanismo atirou o homem ao ateísmo, o Espiritismo Científico, sem ser orientado pelo Espiritismo cristão, levou a França à ruína, como previu Léon Denis, há muitos anos.

São notáveis as sessões realizadas em S. Paulo pelos Drs. Osório Cesar, Salzano, Prof. Shalders e outros experimentadores e pesquisadores honestos.

Não resisto à tentação (para maior divulgação) de incluir neste livro um artigo publicado pelo senhor Prof. Shalders na ótima *Revista Internacional de Espiritismo*, – que se publica em Matão – a 15 de setembro de 1943.

Ei-lo:

"*Espiritismo no Brasil*" – Uma sessão de materialização.

São Paulo, 5 de agosto 1943.

Sessão em casa do Sr. F. C.

Médium – D. L., filha do Sr. F. C.

Assistência – 14 pessoas, incluindo os pais da médium.

A princípio a mesa foi deixada completamente limpa. Fui convidado a amarrar a médium, o que fiz prendendo-a à sua cadeira de maneira que ela não poderia deixar a cadeira, nem levantar os braços, nem uma mão alcançar a outra. Nesta posição, assim amarrada, a médium permaneceu durante toda a sessão, sendo no fim encontrada com as amarrações intactas, sendo eu quem desfez toda a amarração que eu fizera.

Sr. C. fez uma oração de abertura e ainda não a acabara já os Espíritos começaram a manifestar-se. Manifestaram a sua presença pelo menos uma meia dúzia de Espíritos, cada qual dando leves pancadas sobre a mesa, mas de jeito a ser reconhecido pelos assistentes habituais. Em seguida, a um sinal dado, reconhecido pelo Sr. C., foram colocados sobre a mesa uma pilha de uns 30 discos, o gramofone, fechado, um megafone pequeno iluminado e uma caixa de bombons trazida por um dos assistentes.

O Espírito abriu a caixa do gramofone, escolheu da pilha o disco "Ave-Maria de Gounod" e tocou-o. Em seguida foram tocados muitos outros discos, sendo que o gramofone tocou todo o tempo até o fim da sessão, todo o tempo manejado pelos Espíritos, que tocavam os discos, davam corda no aparelho, trocavam a agulha. Os discos nem sempre eram tocados até o fim; às vezes o aparelho parava no meio, recomeçava, tornava a parar, etc.

O megafone foi levitado diversas vezes, flutuando pela sala, visitando os assistentes, ora um, ora outro; veio a mim, cutucou-me o corpo, bateu-me repetidas vezes duro na mão. Depois subiu bem alto e andou ao redor da sala quase junto ao forro, de vez em quando batendo no forro; permaneceu assim perto do forro durante alguns minutos. Cada vez que terminava a levitação o megafone era colocado de novo em seu lugar na mesa.

Depois de talvez uma meia hora, sentiu-se a sala encher de perfume; era sinal de aproximação de **noiva**. Apareceu um foco de luz bastante viva que flutuou pela sala. O gramofone aí tocou a marcha nupcial de Lohengrim e então chegou o Espírito materializado de **noiva** (Maria Martins, em vida). **Noiva** andou em torno da sala, visitando os assistentes de um em um. Quando chegou a mim, deu-me a mão, pequenina, macia, temperatura perfeitamente normal, mão que não cessei de beijar e acariciar; ela, **noiva**, amimou-se o rosto com a sua mão, e chegando o seu rosto bem perto do meu, disse-me que ia arranjar luz para que eu pudesse vê-la. Com efeito, daí a pouco a vi, iluminada por um foco de luz que trazia no côncavo da mão, distante de mim cerca de um metro. A iluminação permaneceu talvez uns dez segundos e apagou-se. Depois de talvez um minuto, **noiva** apresentou-se iluminada bem à minha frente. Seus braços em posição horizontal permitiam juntar-se às duas mãos e dentro do côncavo da mão brilhava um foco de luz intensa, do tamanho de uma azeitona, de cor verde azulada. Com essa luz, **noiva** iluminava-se, deixando que se visse seu corpo através do véu transparente, pondo em bastante relevo os braços delgados. Pude detidamente examinar o véu que lhe cobria, muito fino, e o vestido de cetim branco que ia até o chão, fazenda pesada, que peguei em minhas mãos. Pude segurar e beijar o braço da **noiva**. A estatura de **noiva** era antes de uma menina, porque em pé diante de mim ela parecia não mais alta do que eu sentado. Desaparecendo diante de mim, foi ela iluminar-se mais adiante em frente a outro assistente. Mais tarde ela voltou iluminada diante de mim. Pareceu-me que ela quis dar-me atenção especial, conhecedora, como de certo é do interesse que tenho no estudo da metapsíquica. Sem ser iluminada, **noiva** esteve perto de mim diversas vezes, mostrando-me muito carinho; permitiu-me que eu lhe beijasse a boca duas vezes, beijos esses demorados em que lhe sentia os lábios através do seu véu. Estive com o meu rosto encostado ao seu demoradamente enquanto **noiva** me acariciava. Mais tarde, ouvi-a falar ao meu vizinho, dizendo que ela ia cantar perguntando se não seria do agrado cantar a canção da felicidade. "Está bem"? Dizia ela. Colocaram essa canção no gramofone e **noiva** acompanhou o canto. Depois cantou mais duas canções acompanhando o gramofone. Para que não me restasse dúvida de que o canto que eu ouvia, bem alto, não era só música do gramofone, **noiva** veio bem pertinho de mim e cantou com o seu rosto quase encostado ao meu. Não tenho palavras com que agradecer as atenções que **noiva** me dispensou. Durante a sessão, **noiva** abriu a caixa de bombons que lhe trouxeram e distribui-os ao redor da sala, dando a cada assistente um bombom de chocolate. Quando chegou a minha vez, **noiva** colocou o bombom na palma de minha mão e manteve a sua mão cobrindo a minha durante alguns segundos, calcando bem o chocolate na minha mão e acariciando-me. Por fim o gramofone tornou a tocar a marcha nupcial, **noiva** deu "boa-noite" a todos e despediu-se. Os outros Espíritos, mediante pancadas características sobre a mesa, também se despediram cada um por sua vez. Tocaram de novo a "Ave-Maria de Gounod".

Quando se acendeu a luz a médium achou-se com a cabeça emborcada sobre a mesa, em completo estado de transe. Foi despertada pelo pai; e eu procedi a desfazer a desmarração que eu fizera no começo da sessão. A sessão durou 2h15min.

C. G. S. Shalders.

A ALMA

A alma é criada para a felicidade; mas, para poder apreciar essa felicidade, para conhecer-lhe o justo valor, deve conquistá-la por si própria, e, para isso, ela precisa desenvolver as potências encerradas no seu recôndito. Sua liberdade de ação e sua responsabilidade aumentam com a sua elevação, porque quanto mais se esclarece, mais pode e deve conformar o exercício de suas forças pessoais com as leis que regem o universo. – *Léon Denis*.

POR QUE NO ESCURO?

Sempre que se descreve uma sessão de efeitos físicos, em que os objetos assinalados com massa fosfórica para que se tornem visíveis ao serem levitados, levados a girar no ar, sem que mãos humanas os toquem, como violão, violino, mesa, cornetas ou vitrolas, perguntam-nos logo por que não se faz tudo isso no claro.

É que certas combinações ectoplasmáticas, tiradas do médium e dos assistentes, seria afetada pela luz, como a chapa fotográfica, por exemplo.

Nas sessões de efeitos físicos, se alguém ligar a luz, acender uma lanterna ou riscar um fósforo, sem ordem do Espírito, assassinará o médium, pois o Espírito não terá tempo de repor no medianeiro a matéria fluídica que dele retirou para os trabalhos. Mas há casos – e isso compete aos Espíritos – em que a levitação se dá à luz do dia. Já vi, em plena luz, desprender-se de Cesário uma tênue nuvenzinha azul-cinzenta e se deu a levitação de uma cadeira que foi deposta sobre um guarda-casacas, de onde tirei e não mais pude colocar. Isso mais tarde, naturalmente, vai ser explicado pelos químicos do Espaço, se não for dado ao homem consegui-lo por intuição, nas suas pesquisas.

Não são somente esses fatos que exigem escuridão para se darem.

A fecundação animal se dá no escuro e o germe que receber luz, morrerá. Há certas flores que só desabrocham à noite e se recolhem aos seus cálices ou pétalas ao se aproximar a luz do dia; havendo outras que só desprendem seus perfumes depois que escurece. As próprias ondas hertzianas são mais fortes à noite.

As operações cirúrgicas, materiais, feitas por Espíritos (e já assisti a centenas), realizam-se no escuro, ouvindo-se perfeitamente tesouras cortando tecidos musculares, sopros de seringas sendo lavadas, ruído de destapamento de latas, roncarem de motores elétricos em aplicações curativas. No escuro, o paciente, segurando as mãos do médium, sente penetrar-lhe a agulha de injeção e o líquido a percorrer-lhe o músculo.

Alguns casos de operações cirúrgicas já se vão dando em penumbra, tornado-se visíveis o operador, assistente e enfermeira; neste caso a assistência deve ser de pessoas que não se assustem, pois tanto o susto se refletirá no Espírito que opera como o grito de um assistente perturbará o médico material que estiver operando.

Mas, podem crer, tudo virá a seu tempo como tem vindo o rádio, a televisão e a transmissão de fotografias pelo sem fio ou pelo fio.

***

"Por que certos fenômenos físicos se produzem na escuridade" é o título de um rápido estudo de Odilon Negrão, o brilhante jornalista e empolgante orador que, não sei por quê, ainda não reuniu suas conferências e estudos em volume. Seria uma das obras mais interessantes das publicadas no Brasil sobre um ou mais aspectos do Espiritismo.

"Há poucos dias interrogam-nos, em tom de curiosidade – que julgamos muito humana – por que os fenômenos físicos, na sua generalidade, processam-se em ambientes fracamente iluminados ou se operam sob a absoluta ausência da luz. Essa pergunta encerra, em suas linhas mestras, um bocado de verdade, pois que, na maioria dos casos, as sessões de efeitos físicos, de fato, exigem, para o êxito dos fenômenos, a penumbra ou a escuridão total. Mas não devemos aceitar essa interrogação como lei ortodoxa, por isso que sabemos, também, ser possível obterem-se manifestações dos chamados fenômenos físicos em plena claridade e à luz meridiana. As obras experimentais de Crooks, de Richet, de Geley, de Bozzano e de Trespioli estão cheias de fatos espíritas que se processam fora do poente da meia luz ou da treva integral.

A realidade, porém, é que a maioria dos fenômenos físicos está condicionada a se objetivar em ambientes onde a luz não impera. E isso por quê?

Vemos diante de nós um problema em que as incógnitas são múltiplas e cuja solução não será fácil encontrar. Os metapsiquistas, assim como os biopsiquistas e mesmo espiritistas, admitem a ideia de que os fenômenos físicos são produzidos a mercê de uma força, de um fluido, de um raio, de uma substância a que damos – por falta de outro melhor – o nome de ectoplasma.

Mas o que é ectoplasma? Como ele se origina? E por que processo ele se manifesta?

Todas estas interrogações ou qualquer uma delas bastará para tontear a argúcia do mais honesto cientista materialista da Terra! A ciência oficial – e é bem pobre essa ciência – não tem elementos para resolver cabalmente essas questões que transcendem aos seus conhecimentos atuais. Como resolver, então, tão magno e complicadíssimo problema? Pela tangente fácil e cabotina do charlatanismo? Pela elasticidade arbitrária da intuição? Pelas observações, pelo testemunho pessoal ou pelo espírito dogmático de crença?

Julgamos, sem arrogância e sem a menor parcela de estulta vaidade, que o método mais acertado para que se possa chegar a emitir uma opinião sobre tamanho problema é o método comparativo.

Só por meio desse veículo, hoje tão usado em todas as investigações das ciências racionais, é que poderemos chegar a dizer algo – algo de muito pouco, é bem verdade – sobre as respostas que melhor se ajustam às interrogações que formulamos.

Sabemos que pelo fato das sessões espíritas de fenômenos físicos se realizarem no escuro ou na penumbra, os que não têm olhos de ver negam a veracidade desses fenômenos e não aceitam a ideia de que os mesmos sejam produzidos por entidades espirituais. Sabemos também, entretanto, que essas negativas são ingênuas e inexpressivas, pois que, apesar delas, os fenômenos existem.

Mas nós não pretendemos colocar a questão neste pé. Não queremos mesmo nos valer das impossibilidades da ciência atual e da ciência de todos os tempos, para aliciar argumentos em favor da nossa tese. Não. Por isso, vamos aos fatos, e por partes:

Em primeiro lugar, seja-nos lícito citar uma série de exemplos apanhados no terra-terra das mais rudimentares manifestações da natureza e que servirão para ilustrar o nosso raciocínio, assim como para tornar mais acessível a compreensão.

A ausência da luz não é uma prerrogativa especial de determinados fenômenos espíritas. Nós, metapsiquistas e kardecistas, não somos proprietários do trust das trevas, nem temos o poder de possuir em nossas mãos tamanho monopólio! E não somos os donos desse enorme e miraculoso privilégio, porque a natureza, mais sábia do que toda a sabedoria humana, para certas de suas extraordinárias manifestações, também precisa da treva, da obscuridade, do negror misterioso da noite, para conseguir as formas arquitetônicas dos seres vivos.

Jamais, até nossos dias, o ato da fecundação se desvendou aos olhares dos homens. É o fenômeno mais importante do universo, pois é por ele que cada um de nós tem início, é-nos ainda um espetáculo proibido e interdito.

A luz impede ou dificulta o desenvolvimento das bactérias e é um veneno para o esplendor da vida dos unicelulares, tanto assim que a obscuridade é indispensável nos laboratórios onde há culturas desses animálculos. Os micro-organismos se desenvolvem abrigados da luz e os primeiros estágios da vida embrionária requerem obscuridade absoluta.

A botânica nos mostra também que há espécies de plantas, cujas flores só desabrocham à noite, assim como outras que só desprendem perfumes quando o sol deixa de brilhar no espaço.

Na física, principalmente quando estudamos os problemas da radioatividade dos corpos: – os raios X, o rádio, os raios cósmicos, etc. – aprendemos também que a luz branca, assim como a luz solar, neutraliza, absorve ou modifica as radiações da matéria rarefeita, impedindo-nos a observação de seus fenômenos.

De tudo que dissemos, poderemos concluir que a obscuridade é o ambiente necessário e propício para que a natureza, nas suas mais ricas e belas manipulações, possa se manifestar integral e gloriosamente.

E quem, hoje em dia, seria capaz de duvidar da exatidão e da honestidade de uma placa sensibilizada de fotografia, por exemplo, alicerçado no fato de que todo o metabolismo da gravação da imagem se processa na escuridão?

Ora, o ectoplasma, manda a lógica que assim acreditemos, deve ter vibrações mais sutis e mais rápidas do que as de quantas moléculas ou átomos que a física moderna estuda e aceita. E se essas vibrações da matéria fogem das nossas percepções sensoriais, escapam aos nossos sentidos e exigem os recursos da mecânica para serem constatados, assim como requerem a ausência da luz para se manifestarem – como poderemos pedir, com que direito científico, firmados em que leis da natureza ou dos homens, que as experiências de fenômenos teleplásticos se processem em plena claridade?

Temos conhecimento, por análise pessoal, que a luz é nociva às formações ectoplasmáticas. Mas tal afirmativa, tão natural, não nos deve alarmar, pois a luz, como já demonstramos, exerce determinadas influências sobre muitas outras funções biológicas.

Asseveram os metapsiquistas mais ilustres e entre eles Richet, Findlay e Crawford, que o ectoplasma é uma substância – digamos assim na impossibilidade de encontrarmos termo mais exato – que se desprende de todos nós, mas em maiores parcelas dos sensitivos, isto é, daqueles a quem damos o nome genérico de "médiuns". É dessa substância que os Espíritos se valem – depois de várias manipulações por eles realizadas – para nos proporcionar esses espetáculos maravilhosos das levitações, das tipologias, dos aportes, da voz direta e das materializações. Mas nessas manifestações não vemos nada de antinatural, nada de anticientifico, nada de misterioso, por isso que elas, como as demais manifestações da natureza, são reguladas por leis imutáveis. Todavia, só quando os nossos conhecimentos tiverem torças para desvendar o que hoje, para a ideia fixa dos céticos, é mistificação e histeria, é que poderemos nos aperceber de que os fenômenos físicos do Espiritismo se harmonizam com as leis que regem as ciências de que já nos inteiramos.

Bem sabemos que os negativistas, esses que fincam o pé em toda sorte de preconceitos, julgando que tudo que for "contrário aos conhecimentos adquiridos", é embuste e mentira, de forma alguma se satisfarão com a diretiva de nosso raciocínio e da nossa exposição. Que importa? O espírito reacionário e acadêmico, em todos os tempos, sempre pôs em dúvida as conquistas das novas ideias.

Todos sabem as lutas em que se empenharam os descobridores da máquina a vapor. Pois bem, depois das primeiras experiências, quando as locomotivas começaram a rasgar as terras cansadas do Velho Mundo. Thiers, uma das maiores celebrações da França, teve ocasião de perguntar:

"Haverá alguém que acredite, por acaso, que os caminhos de ferro poderão, algum dia, substituir as diligências?"

A Academia de Ciências de Paris, no século 17, não achou impossível a queda dos aerólitos, ridicularizando a ideia de que o céu – morada de Deus e dos anjos – pudesse nos atirar pedras?

Galvani não sofreu o insulto irônico de "mestre de dança das rãs"; dessas mesmas rãs e dessa mesma dança que hoje nos proporciona todo esse milagre da eletricidade?

Pasteur não foi menoscabado pelos cientistas de seu tempo, quando afirmou ser possível a transmissibilidade das doenças pelos veículos microbianos?

Galileu não se salvou, milagrosamente, da fogueira, por ter ousado afirmar que a Terra se movia no espaço?

O fonógrafo de Edison, quando foi apresentado à Academia de Ciências da França, não deu lugar a que um membro dela, o cientista Bouillaud, declarasse que tudo aquilo não passava de pura ventriloquia?

A lista é longa e o espaço é pequeno para que citemos todos os casos de intransigência, de intolerância dos chamados cientistas, desses que se firmam no comodismo dos "conhecimentos adquiridos" e que sempre se opuseram – baldadamente, graças a Deus – à marcha do progresso.

Mas o espírito acadêmico é impermeável, meus amigos! O dogma, quer seja ele religioso ou científico, não suporta as claridades das novas descobertas, principalmente daquelas que iluminam as trevas onde o dogma se esconde. E quando não pode mais, como na Idade Média, assassinar os gênios, negá-los, difamá-los, combatendo-os com as armas enferrujadas, com as escopetas arcaicas dos princípios de fé ou de pontos de vista.

Conta-nos a história que Heródoto refere que uma expedição fenícia se gabava de ter saído pelo estreito de Gibraltar – no seu tempo, Colunas de Hercules – e contornando a África, ter voltado pelo Mar Vermelho, até o istmo de Sues. Mas, para demonstrar que essa viagem não passava de simples impostura, da mais deslavada fantasia, fazia notar que os pretensos navegadores diziam ter visto, durante a maior parte dela, que o sol, em vez de nascer à esquerda, surgia à direita. O velho pai da História, coitado, ignorava que essa prova de impostura era a prova da verdade!

No Espiritismo também há dessas imposturas, também há fenômenos que, para os eternos Heródotos, não passam da mais deslavada fantasia. Mas as mentiras e as mistificações do Espiritismo são como aquela célebre viagem dos fenícios em redor do continente africano: quando os sabidos julgam que poderão desmascará-lo, apontando, com argumentos irrefragáveis, os seus, metamorfoseiam-se em provas da verdade!

"Nós estamos tão afastados de conhecer todos os agentes da natureza", dizia Laplace, "que seria muito pouco filosófico negar a existência de fenômenos, só porque são inexplicáveis no estado atual dos nossos conhecimentos".

E Santo Agostinho, o grande doutor da igreja, afirmava: "Os milagres não são contrários à natureza, mas, apenas, ao que não sabemos de suas leis".

* * *

Se a ciência que vive estratificada, mumificada no sarcófago dos "conhecimentos adquiridos", compreendesse em toda a sua extensão e profundidade, o *medice curat ipso*[3] da sabedoria latina, não negaria, tão aprioristicamente como faz, os fenômenos físicos do espiritualismo.

Com que direito ela profliga esses fenômenos sem estudá-los convenientemente, se ainda não conseguiu resolver problemas dos mais elementares, que a afetam muito de perto?

Melhor do que nós, nesse caso, responderá a essa ciência das negações o sábio Dr. Alexis Carrel, uma das maiores cabeças do século 20. Diz ele, à página 18 de seu livro *O homem, esse desconhecido*:

---

[3] Médico, cura-te a ti mesmo.

"De fato, a nossa ignorância é muito grande. A maior parte dos problemas que a si próprios propõem aqueles que estudam os seres humanos, permanecem sem resposta. Imensas regiões do nosso mundo interior continuam desconhecidas. De que modo se combinam as moléculas das substâncias químicas para formar os órgãos complexos e transitórios das células? De que modo os genes contidos no núcleo de ovo fecundado determinam os caracteres do indivíduo que deriva desses ovos? De que modo as células se organizam nessas sociedades que são os tecidos e os órgãos?"

E mais adiante, à página 19, continua Carrel:

"Estamos longe de conhecer as relações que existem entre o desenvolvimento do esqueleto, dos músculos e dos órgãos, e das atividades mentais e espirituais. Tampouco sabemos o que determina o equilíbrio do sistema nervoso, e a resistência à fadiga e as doenças. Ignoramos igualmente de que modo o senso moral, o juízo e a audácia podem ser aumentados. Poder-se-ia formular um grande número de problemas, além desses, sobre os assuntos que mais nos interessam. Mas também esses permaneceriam sem resposta".

Como vira, a ciência, que deveria ser humilde diante das coisas que ignora, esquece, não sabemos por que amnésia, as suas próprias dificuldades, e pretende, também não sabemos por que megalomania, negar, reduzir a cacos as teorias do Espiritismo experimental.

Concluindo, diremos: negar fenômenos, porque ignoramos as causas que os determinam, embora eles sejam tangíveis, audíveis e visíveis, como os que são produzidos pelas manipulações ectoplasmáticas nas sessões espíritas, é insensatez ou má fé.

Mas o Espiritismo é a escola da verdade. Da verdade experimental, da verdade científica, dessa verdade que só se aceita pelo raciocínio e nos penetra olhos adentro como a luz clara e quente do sol! Ele não dogmatiza. Não impõe e não procura fazer prosélitos, alicerçados na ignorância das massas fanatizadas por uma fé, que é incapaz de resistir à mais primária análise.

Cônscio de sua alta missão no mundo, o Espiritismo, além de estar dentro da ciência de hoje, é, também, o grande manancial e o incentivador da ciência de amanhã. E esse amanhã, que não tem, para nós, nenhum sentido demagógico e utópico, já bate às nossas portas, com as pancadas da tipologia, como o Cristo bateu, outrora, às portas da consciência humana, para nos mostrar as verdades de Deus!

Desgraçados daqueles, meus amigos, que não tiverem ouvidos de ouvir esses chamados do céu!

Odilon Negrão"

***

Mas, leiam o capítulo seguinte:

O EXEMPLO DE JESUS

Relata Mateus que Jesus ia, por toda a Galileia, ensinando nas sinagogas, pregando o Evangelho, curando enfermidades, possessos, lunáticos, paralíticos, cegos e a sua reputação se espalhou por toda a Síria, sendo acompanhado por grande multidão.

Esse fato ofereceu ainda a Kardec, em *A Gênese* esta sábia página:

"De todos os fatos que dão testemunho do poder de Jesus, os mais numerosos são, não há o que contestar, as curas. Queria ele provar, dessa forma, que o verdadeiro poder é o daquele que faz o bem; que o seu objetivo era ser útil e não satisfazer a curiosidade dos indiferentes, por meio de coisas extraordinárias.

Aliviando os sofrimentos, prendia a si as criaturas pelo coração e fazia prosélitos mais numerosos e sinceros, do que se apenas os maravilhasse com espetáculos para os olhos. Daquele modo fazia-se amado, ao passo que se limitasse a produzir surpreendentes fatos materiais, conforme os fariseus reclamavam, a maioria das pessoas não teria visto nele senão um feiticeiro, ou um mágico hábil, que **os desocupados iriam apreciar para se distrairem**.

Assim, quando João Batista manda, por seus discípulos, perguntar-lhe se ele era o Cristo, a sua resposta não foi: – **'Eu Sou'**, como qualquer impostor houvera podido dizer. Tão pouco lhes fala de prodígios, nem de coisas maravilhosas; responde-lhes simplesmente: – 'Ide dizer a João: os cegos veem, os doentes são curados, os surdos ouvem, o Evangelho é anunciado aos pobres', O mesmo era dizer: 'Reconhecei-me pelas minhas obras; julgai da árvore pelo fruto'". Porquanto era esse o verdadeiro caráter da sua missão divina.

O Espiritismo, igualmente, pelo bem que faz é que prova a sua missão providencial. Ele cura os males físicos, mas cura, sobretudo, as doenças morais, e são esses os maiores prodígios que lhe atestam a procedência. Seus mais sinceros adeptos não são os que se sentem tocados pela observação de fenômenos extraordinários, mas os que dele recebem a consolação para suas almas, a quem liberta das torturas da dúvida; aqueles a quem levantou o ânimo na aflição, que hauriram forças na certeza, que se lhes trouxe, acerca do futuro, no conhecimento do seu ser espiritual e de seus destinos. Esses são os de fé inabalável, porque sentem e compreendem.

Os que no Espiritismo procuram unicamente efeitos materiais, não lhe podem compreender a força moral. Daí vem que os incrédulos, que apenas o conhecem por meio de fenômenos, cuja causa primária não admitem, consideram os espíritas meros prestidigitadores e charlatães. Não será, pois, por meio de prodígios que o Espiritismo triunfará da incredulidade; será pela multiplicação de seus benefícios morais, porquanto, se não é menos certo que os incrédulos não admitem os prodígios, não menos certo é que conhecem, como toda a gente, o sofrimento e as aflições e ninguém recusa alívio e consolação.

Vem a propósito lembrar que, vindo eu de meio protestante, ninguém mais que eu foi desconfiado com as artimanhas do Diabo... Mas quando colhi os frutos saborosos e inconfundíveis da árvore boa, assistindo, pessoalmente, a milhares de curas, e vi paralíticos andando, cegos vendo, mudos falando, tortos de espinha se aprumando; operações de úlceras de duodeno e estômago, de hérnia, sinusite, apendicite, baço e tantas outras, que devem ser confirmadas pelos operados, se não quiserem fugir à boa propaganda das obras de Jesus, na atualidade, por meio de seus mensageiros: **aprendi a confiar em Jesus e nos seus mensageiros.**

Se aquele que é mau passa a praticar o bem, deixa, deixa logicamente, de ser mau. Se o Demônio deu agora para a prática de bem – como querem padres e ministros –, que ótimo demônio! O coitado – como disse Jesus –se destruirá por si mesmo.

Citando esses fatos, acho-me dispensado da enumeração de fenômenos que me foram dados a observar enquanto era treinado o médium para seu aproveitamento, pelos Espíritos de Deus, na prática da Caridade.

SANTO DE CASA

V. Cy, esse belo talento de cultura universitária, publicou, na *Folha da Manhã*, o jornal que cuida de tudo que é útil à humanidade, sem polêmicas, a esplêndida "A Nota do Rio", a seguir, resumindo, sabiamente, num artigo, um tema que daria um livro, se cuidado por um prolixo:

"**Santo de casa** – Não faz milagres, já se sabe. Esta é verdade reconhecida desde os tempos mais remotos e não era outra a razão pela qual os Galileus não acreditavam que pudesse surgir um profeta em Nazareth.

Todos citamos e invocamos com muita frequência os Evangelhos. Os seus ensinamentos são daquelas coisas que sempre trazemos nos lábios, mas que raras vezes temos no espírito e no coração, onde deviam morar. Estamos sempre prontos a citar Marcos, Lucas e Mateus, mas poucas vezes os lemos. É muito lamentável. É leitura que os homens de responsabilidade, ainda mais do que os outros, deviam frequentar cem mão diuturna. Mas isto não vem ao caso, agora.

O que vem ao caso é que os que leiam os Evangelhos com a meditada atenção que merecem, verão que Jesus não fez nenhum dos seus milagres em Nazareth. Disseminou-os em toda a extensão da Terra Santa, desde Jerusalém até Canaã e Carfanaum; mas em Nazareth não fez nenhum. Era Santo de casa.

Esta fatalidade que inibe a ação milagrosa no ambiente familiar e doméstico dos que sejam capazes de exercê-la noutras circunstâncias tem raízes na constituição psíquica dos homens.

Para que o milagre, qualquer que seja, possa se realizar é condição essencial a existência de um ambiente magnético positivo, de uma corrente de simpatia e expectativa entre o 'santo' e o meio circundante, os que assistem ao milagre ou dele sejam o objeto. 'O próprio Cristo não curaria' os paralíticos e os cegos se os cegos e paralíticos não quisessem ser curados, não esperassem sê-lo, e se a assistência não acreditasse, ainda que inconscientemente, na possibilidade do milagre. Em Nazareth, Jesus era apenas o filho do carpinteiro, o rapaz, a brincar com os da sua idade, um garoto como os outros, que abandonara a oficina paterna para ir vagar pelas terras da Judeia e de

Samária. Ninguém acreditava que pudesse fazer milagres. E por isso, ele não Os pôde fazer.

O fenômeno é natural. Como dizia Thoreau, 'Ninguém quer ter profetas na família. Diabos os levem!' Profetas e santos são parentes muito incômodos. Deixam os irmãos, os primos, os vizinhos, numa situação de inferioridade de grande desconforto.

Aquela condição dum ambiente de simpatia, de expectativa, de fé, é essencial para a realização do milagre. Onde ela não exista, o 'santo' que o tentar só encontrará o fracasso. É o que muito aspirante a milagroso tem verificado e vem verificando. Não acreditem vocês que seja possível um milagre onde não haja uma atmosfera de confiança. Além de que os milagres são coisas muito raras e difíceis.

Não acreditem tampouco em milagre anunciado e prometido. Leiam os Evangelhos, os Atos dos Apóstolos, as vidas dos Santos, e verão que o milagre é sempre inesperado e súbito, ocorre sem aviso prévio e sem propaganda. O milagreiro que promete fazer um prodígio merece ser vaiado e corrido a pedrada, porque não passa dum charlatão. Sobretudo, se for um reincidente.

— Mas que é milagre, afinal? Perguntará algum curioso. Hum! Milagre nos nossos dias não é como antigamente. É coisa muito complicada. Vamos deixar isto para outro dia.

V. CY."

FLUIDOS

Sei que este capítulo vai provocar a risota de muita gente sabida e importante... mas não há mal nisso, pois estultícia é querer impor à alguém a crença e é dos Evangelhos o ensinamento de que muitos terão olhos e não verão ou entendimento e não entenderão. Jesus recomendou que não discutíssemos tentando implantar a crença no coração do nosso semelhante: "Isso ao Pai compete"; também não recomendou que discutíssemos os Evangelhos, mas que os pregássemos.

Não tenho a pretensão, nem competência, de fazer aqui estudos tentando definir o que seja como se forma nem como é posto em ação um fluido: narro os fatos e deixo o campo aberto para os pesquisadores.

* * *

Influências fluídicas – um caso de falsa lepra – Na Bíblia, livro de ensinamentos universitários, explica-se a maneira de distinguir a falsa da verdadeira lepra – sabem disso os leprólogos? – Pouca gente sabe que existe a falsa tuberculose como a falsa paralisia e muitos têm se admirado ao saber que um "tuberculoso" viveu até 80 anos e que um paralítico, depois de longo período de sofrimento, sarou quase repentinamente. Os casos incuráveis são aqueles em que já há uma verdadeira lesão, pois as leis da Natureza são imutáveis e o milagre não existe, o que há é o desconhecimento das leis da Natureza que, aos poucos, vão sendo dados a conhecer aos homens. Assim é que o rádio, o disco fonográfico, o cinema mudo e o falado, o avião, a televisão e tantas outras coisas hoje vulgares, como a eletricidade, passariam por estonteantes milagres a menos de um século atrás e nos encheriam de supersticioso assombro, se nos tivessem sido dados bruscamente e não aos poucos como se deu, se dá e se dará para os futuros exilados na Terra.

Mas vamos aos fatos.

Estando em Franca, no Estado de São Paulo, em 1943, o médium Cesário e eu, hospedados na casa do distinto clínico Dr. Tomaz Novelino, certa manhã esse meu generoso amigo chamou-me ao consultório e ali me mostrou um leproso perfeitamente característico, dizendo-me: "Vê minha situação... Sou obrigado a denunciar a presença deste homem na cidade". O "leproso", aliás, com nariz, orelhas e supercílios deformados, ouvindo aquela frase, interveio: "Não adianta... Eles me recolhem, fazem todos os exames e me mandam embora. Já fui levado a diversos leprosários e me põem para fora".

Impressionado, o Dr. Novelino propôs-me:

—"Quer chamar o Cesário?" O médium estava na sala de jantar e fui buscá-lo. Recolhemo-nos no quarto escuro usado pelo médico para revelação de chapas fotográficas, ele, o paciente, Cesário e eu. Incontinenti Vicente, o Espírito, tomou o médium e, após os cumprimentos de costume, disse ao doente: — "Você não tem lepra nenhuma; está precisando é de um bom fortificante, a 'Patrolein', e o Pires vai mandar buscar".

— O homem não é leproso, Vicente?! – admirei, duvidoso.

— Quer a confirmação de Bezerra? Vou desincorporar – deixando o médium foi este tomado por Bezerra, que nos saudou, dizendo de há muito conhecer o Dr. Novelino e logo se dirigia ao paciente:

—Você não é leproso (pausa). Suas melhoras, sua, cura dependem só de você... nós nada podemos fazer. Alimpe seu coração... Deus é muito bom... Por que há de você, de todo o coração, desejar mal aos outros? Seu xingo é sempre: lazarento! Tu hás de ficar morfético! Você atrai os fluidos dos leprosos e aí está, repelido pela sociedade, sem sossego, sem poder entrar num café ou restaurante, como leproso, sem o ser. Melhore seu coração; Deus é muito bom.

Mandei buscar as ampolas – raras – infelizmente chegaram quase todas quebradas e não mais tive notícias do "leproso" recusado pelos leprosários.

Meditei, então, sobre a sabedoria do caipira que sempre recomenda ao filho:

— Num o chame de lazarento, que você fica...

O caso citado foi de atração de fluidos maléficos, o caso seguinte é de perseguição por Espírito vingativo.

O fato se deu em dia em que Cesário e eu visitávamos a "União Federativa Espírita Paulista" e palestrávamos com Caetano Mero quando ali apareceu uma bela senhorita, chorosa, pois ia de novo interná-la no Pirapitingui. Recolhemo-nos a um quarto com o médium e o irmão-Bezerra se incorporando, dirigiu-se a um Espírito com sua habitual doçura;

—Vem... vem falar comigo... vem...

A mocinha estremeceu, gemeu e ficou tomada do Espírito perseguidor, que foi logo dizendo:

— Ela há de me pagar... Não perdoo... Ela há de me pagar todo o mal que fez...

Tentamos doutrinar o Espírito e... não mais tive notícias da senhorita.

* * *

Mais um fato. Este se deu na Federação Espírita do Paraná, em Curitiba, em 1942, quando ali passamos seis meses, havendo centenas de operações, transfusões de sangue, aplicações de eletricidade por meio de aparelhos trazidos por Espíritos e muitos fatos, notáveis como provas, tais como curas de paralisia, úlceras internas e cegueiras.

Certa noite apareceu um homem de certa idade: estava cego do olho direito e, de há muito, perdera o esquerdo. O caso foi logo decidido:

— Nada posso fazer – disse o Espírito. – Só Deus, pois para **Ele** nada é impossível. Sei que o amigo está arrependido (pausa). Viu como é bom fazer pontaria para atirar no seu semelhante?

E o homem, humildemente, confessou diante de todos o seu erro. Essa é a confissão que deve ser feita, pública e com humildade, para produzir efeito, pois o Nosso Amado Jesus asseverou que **todo aquele que se arrepender será salvo**; pois aquele que se arrepende sinceramente, deixa de cair no mesmo erro e evolui, pois só de nós depende a nossa salvação. Sem atos nossos nada conseguiremos. Salvação não se compra nem se vende: conquista-se pelo próprio esforço.

* * *

Eis mais um dos belos casos de Caridade praticada pelos bons Espíritos:

A 13 de junho de 1943, em Araçatuba, cidade paulista, fomos almoçar na chácara do senhor Hilário Fonseca, em companhia de nosso amigo Paulo Botelho de Camargo e mais pessoas. Às 15 horas foi realizado um trabalho espiritual em favor do senhor Hilário, paralítico havia mais de 30 anos e com intestinos e bexiga completamente descontrolados.

Pode-se imaginar seu martírio e de sua esposa.

Reunidos na sala, feita a prece, Vicente, o protetor de Cesário, tomou o médium e logo se dirigiu aos Espíritos perseguidores, que tanto faziam sofrer àquele cavalheiro:

— Venham, venham falar comigo. Ameaças? Não adiantam... vocês nada podem. Porque sou muito pequenininho... — Trinca? Cada um com mais cinco? Bem... Então não querem por bem? Lamento, mas é preciso... (Dirigindo-se ao Espírito de meu pai) "Raimundo, leva este e os cinco dele" (e a outro Espírito) "Luis, leva esse outro e os seus cinco". (Dirige-se ao chefe dos últimos cinco). "Você fica por minha conta..."

Ao serem proferidas essas palavras, o Espírito mau, levantando Hilário de sua cadeira de rodas, arremessou-o, estirando-o de costas a três ou quatro metros de distância.

Vicente, o Espírito protetor de Cesário, tomando com a mão esquerda o pulso da vítima, pousou a direita sobre sua cabeça. Berros horríveis e inesquecíveis, como de um bode ao ser esfaqueado, ecoaram na casa e, logo a seguir, ouviram-se satânicas gargalhadas.

— Tudo isso de nada adianta: – dizia Vicente.

Retirados os maus elementos, ordenou Vicente a Hilário que se levantasse e fosse sentar-se em sua cadeira. O que foi feito com esforço pelo paciente.

Dados alguns conselhos e dieta, disse o Espírito:

— Deus é muito bom! Antes de um mês quero vê-lo capinando sua chácara.

Da chácara, Paulo, Cesário e eu nos dirigimos ao centro espírita "Varas da Videira" e ali, de novo, Vicente tomou o médium e explicou que era preciso cuidar dos músculos atrofiados e seriam precisas duas caixas de certas injeções, caríssimas e que só são encontradas em laboratórios, que se recusam a vendê-las, por terem de preparar suas drogas com elas, numa incrível multiplicação de ampolas... Lamentávamos a situação, quando Vicente disse-me:

— Pires, é para se salvar um homem! Deus permite: **Ele** é muito bom! Eu irei buscar as ampolas por intermédio do Mário (outro médium de grandes possibilidades, a se desenvolver). Dá cá um papel e o lápis (Cesário é analfabeto) e escreveu; 4 ampolas duplas de (tenho ordem para não revelar o nome) numeradas de 2 a 8; 6 ampolas duplas de X numeradas de 1 a 9. Preço das 4 a 115,00 cruzeiros cada; preço das seis, 95,00 cruzeiros cada: soma 1.110,00 cruzeiros. Se lá o homem pode e quer gastar, eu vou buscar esta noite e você sabe o que deve fazer.

Às 18h45min, chegava ao hotel o Paulo com o dinheiro no envelope e o bilhete que, por ordem de Vicente, escrevera ao Mário, que estava em São Paulo. Aproveitei o momento em que Cesário se retirara para ir à primeira sessão do cinema e depositei o envelope com seu conteúdo sobre o guarda-roupa, alto. Na manhã seguinte, indo ao quarto de Cesário, eu encontrei o pacotinho com as ampolas que foram confiadas a um farmacêutico de Araçatuba que se encarregou das aplicações de acordo com as recomendações do Espírito.

A 15 de junho saímos de Araçatuba e a 4 de julho recebia eu, em Rio Claro, uma carta do Paulo, datada de 2, dizendo:

"Tenho a dar-lhe a alviçareira nova de que o nosso irmão Hilário Fonseca, depois de 30 anos de paralisia, está andando perfeitamente, tendo mandando, há dias, para a sede de nossa 'Aliança' a sua cadeira de rodas. Estamos anunciando no rádio a venda da cadeira. Graças a Nosso Senhor Jesus Cristo".

* * *

Agora, ainda em tempo, uma advertência: creio ser desnecessário dizer que um órgão concertado, não pode ser igual a um novo… e o operado deve ter cuidado: seu fígado, por exemplo não foi trocado.

Nos casos de cura de obsessões pode dar-se a volta do mal. Isso depende unicamente do curado. Se não fechar seu coração aos maus sentimentos, se dará aquilo de que Jesus falou: "É o Espírito do mal, voltando e encontrando a casa varrida e limpa, trará com ele mais sete". Aprendam a guardar-se os que já foram alimpados de maus fluidos.

* * *

Cortina fluídica – É, na minha fraquíssima opinião, fenômeno tão interessante e raro quanto o de transportes de objetos a grande distância.

Quantas vezes um objeto está debaixo de nossos olhos e não podemos achá-lo? Reclamamos e outra pessoa nos diz: "Você está cego? Está à tua vista e não vês? Fosse cobra e teria te mordido". Outras vezes perdemos, em pleno dia, um objeto ou uma importância em dinheiro, ou carteira e quando saímos em procura nos dizem: "Ora… não perca seu tempo. Passa tanta gente por ali que, naturalmente, já acharam". Encontramos o objeto e nos admiramos: – "Sim, senhor! Que sorte! Quanta gente passou por aqui e não viu!"

Hoje compreendo esses casos, pois tenho sido surpreendido, por diversas vezes, com o desaparecimento do médium, de junto de mim e outras vezes ele, médium, admirado, quer que lhe explique por que, a tal hora, em tal rua, me vira conversando com pessoa vestida de tal maneira e não vimos a ele médium – reproduz assunto e palavras dessa conversa.

No jardim mais frequentado de Florianópolis, no centro comercial, junto ao mar, sentados num banco, o João Maria, mais dois amigos e Osvaldo Melo conversavam, quando este foi tomado pelo Espírito Diaz.

— Que é isto? – censuram os amigos – Tomar o Osvaldo aqui no Jardim Público, cheio de gente!? – e o Espírito respondeu:

— Vocês pensam que estão visíveis? Vão ver já...

Um garotinho, vendedor de amendoim torrado, dirigiu-se ao grupo oferecendo a mercadoria, mas, ao chegar junto do banco, com uma carinha muito cheia de admiração exclamou simplesmente: "ué"! Os fregueses tinham desaparecidos... Melhor confirmação deram dois marinheiros que se dirigiam ao banco, tendo um deles exclamado:

— Já tiraram o banco de que eu mais gostava...

Sabedor desses fatos, mais tarde, quando me ligaram ao médium Cesário, pondo-o como meu motorista, tive uma série de fatos sobre a cortina fluídica.

De 22 de junho de 1942 a fins de novembro, fizemos uma temporada em Curitiba, período em que entrou em franco desenvolvimento a mediunidade de Cesário. (Noutro capítulo citarei, sem comentários, a série de fatos, uma espécie de rol dos acontecimentos).

A 8 de outubro tínhamos marcado trabalhos de caridade na Federação para as 20h15, mas logo após o almoço, estando só em meu quarto, apareceu-me sobre a mesa um bilhetinho escrito a lápis (mais uma vez lembro que o médium não sabe escrever e, além disso, o bilhete só apareceu depois de eu me achar sentado junto à mesa durante algum tempo) que dizia:

"Cornélio

Que a Paz de Deus esteja convosco.

Deixe o Cesário livre que o levaremos a um passeio muito longe para o Espaço; não tenha cuidado se não voltar hoje.

Raimundo – Bezerra – Vicente ordena e manda".

Pelas 15 horas, mais ou menos, desapareceu o Cesário e não apareceu nem para o jantar às 18h30. Às 20hs telefonei à Federação comunicando o desaparecimento do Cesário e tive de ouvir censuras por culpa não minha. Disseram-me que aquilo não ficava bem; que a Federação tinha responsabilidades, que estava cheia de pessoas que tinham de ser tratadas; que o Espírito marcara hora e determinara as pessoas a serem atendidas...

Estava eu como Pilatos no Credo... Mas, ao deixar o aparelho, eis que surge o Cesário, vibrante e... sem jantar; queria me contar o que tinha acontecido, mas só o fez depois que voltamos, extenuados, da Federação, para onde eu telefonara em tempo participando a chegada do médium. Eis as palavras de Cesário:

— Mas, seu Cornélio... Como é que pode ser isso? Fui, como um foguete, lá em cima e girei como avião em cima de uma cidade grande, linda, perto do mar, cercada de montanhas (descreveu-me o Rio de Janeiro, cidade que ele nunca viu até hoje, a não ser nessa excursão) e quando voltei ainda dei outros passeios. Pouco antes do jantar, ali na porta do hotel, o senhor estava conversando com o Sr. Henrique (sócio do Hotel Majestoso) e disse isto, isto, isto e terminou dizendo: "Quem sabe se a estas horas o Cesário lá está em São Paulo conversando com sua mulher". Depois, o senhor, passeando de um lado para outro, com as mãos cruzadas por trás, foi ao café ali na travessa. Não posso compreender como é que o senhor não me via! Eu estava por cima de sua cabeça, e quis lhe tocar, mas o Vicente não deixou...

Inúmeras vezes procuro o Cesário e, quando menos espero, vejo-o sentado ao meu lado. – Onde você estava? – Aqui... O senhor se levantou, foi até a porta, voltou, tomou um copo d'água, fez um cigarro... Eu estava quieto aqui, me lembrando da casa.

No dia seguinte à "viagem" do Cesário, à tarde, em meu quarto, o Espírito Pedro Richard, tomando o meu muito querido Hugo, perguntou ao Cesário: – "Gostou do Rio de Janeiro?" e, voltando-se: para o meu lado, disse-me, referindo-se disfarçadamente ao Cesário: – "Médium raríssimo; cirúrgico".

Em São Paulo passamos a morar na mesma casa. Após o jantar, certo dia, já me achava em meu quatro de frente, com porta para um terraço, tendo deixado Cesário e sua esposa na cozinha, quando esta gritou por mim:

— Seu Cornélio! Corra aqui! O Cesário sumiu! (estava assustadíssima).

— Mas, como?

— Eu estava conversando, brincando com ele, voltei-me para enxugar as mãos e, quando olhei, ele tinha sumido...

Procurávamos e não podíamos achar o Cesário, quando ouvimos um assobio; fomos encontrá-lo debaixo da cama.

Esses fatos se deram sempre durante o desenvolvimento do médium.

UMA DEMONSTRAÇÃO

Anésio Siqueira, que se esgotou na sua missão de cura, de milhares de pobres, jamais se recusando ao trabalho, de graça dando o que de graça recebia, até desencarnar, fez-me uma demonstração, ao mesmo tempo em que lamentava não quererem os médicos tirar do fato algum ensinamento. Foi em casa do confrade e amigo Chiquinho Cardoso. Uma senhora, acompanhada de três filhas, trazia nos braços uma pequena, talvez de 7 anos de idade, paralítica e em constante contração facial.

— Quer vê-la falar? – chamou uma irmãzinha menor e mandou pegar-lhe as mãos. A menina pôs-se a conversar alegremente. – "Quer vê-la emudecer?" – e mandou que a maior a tocasse e não houve meios de faze-la falar. "Agora ela vai sofrer um ataque". – mandou que a irmã mais velha lhe pegasse as mãos e a menina, se estorcendo, caiu com um ataque. Influências fluídicas, magnéticas que os médicos não querem estudar...

RESSURREIÇÃO DA CARNE

Uma **letra** modificaria inteiramente um dogma das igrejas protestantes e romana e exprimiriam a verdade em vez de "Ressurreição da carne" se dissessem da "Ressurreição na carne".

Vejamos a opinião de Kardec:

"Efetivamente a ciência demonstra a impossibilidade da ressurreição, segundo a ideia vulgar. Se os despojos do corpo humano se conservassem homogêneos, embora dispersos e reduzidos a pó, ainda se conceberia que pudessem reunir-se em dado momento. As coisas, porém, não se passam assim. O corpo é formado de elementos diversos: oxigênio, hidrogênio, azoto, carbono, etc. Pela decomposição esses elementos se dispersam, mas para servir à formação de novos corpos, de tal sorte que uma mesma molécula, de carbono, por exemplo, terá entrado na composição de muitos milhares de corpos diferentes (falamos unicamente dos corpos humanos, sem ter em conta o dos animais); que um indivíduo tem, talvez, em seu corpo, moléculas que já pertenceram a homens das primitivas idades do mundo; que essas mesmas moléculas orgânicas, que absorveis nos alimentos, provêm, possivelmente, do corpo de tal outro indivíduo que não conhecestes e assim por diante. Existindo em quantidade definida a matéria e sendo indefinidas as suas combinações, como poderia cada um daqueles corpos reconstituir-se com os mesmos elementos? Há aí impossibilidade material. Racionalmente, pois, não se pode admitir a ressurreição da carne, senão como uma figura simbólica do fenômeno da reencarnação. Desde então, nada há que aberre da razão, que esteja em contradição com os dados da ciência".

MAIS FATOS

Sem comentários, junto aqui uni artigo de Vinicius, o claro e sincero pregador da Sublime Doutrina do Mestre. Poucos dias após a operação a que alude o articulista, estive em Araçatuba, onde me foram narrados os fatos, e dias depois era o meu amigo Paulo B. Camargo, incomodado por um médico...

"Uma intervenção cirúrgica sensacional pelo espírito da Dra. Anita Ribeiro – O caso passou-se há pouco tempo na próspera cidade de Araçatuba.

Yolanda Carduci, de conhecida família residente em Bebedouro, casou-se com um rapaz de Araçatuba, passando, então, a morar nessa cidade. Pouco tempo depois de casada, Yolanda apresentou-se com ataques, os quais foram se repetindo cada vez mais amiudados, a ponto de ter tido 9 a 10 por dia. Todo o tratamento médico a que se submeteu foi improfícuo. Em vista disso, cansada de sofrer, recorreu ao Espiritismo, não obstante ser católica e de família ultracatólica. Tratada convenientemente, pois o seu mal era todo de origem espiritual, Yolanda curou-se completamente.

Em virtude do sucedido, Yolanda, que conta 18 anos de idade, começou a frequentar o Grupo Espírita "Varas da Videira", fundado em Araçatuba. Ali manifestou-se-lhe a mediunidade de curar.

A uma sessão de cura, compareceu Maria Paulina, operária, portadora de um tumor no fígado, segundo diagnóstico do facultativo Dr. Raposo. Este propôs operá-la na Santa Casa local, estabelecendo os seus honorários. Maria Paulina, porém, não anuiu à proposta, pois não dispunha de recursos para enfrentar as despesas da intervenção. Além do tumor no fígado, a doente não era menstruada, padecendo de corrimento anal. Neste passo, o Espírito Dra. Anita Ribeiro, nome bastante conhecido em Rio Preto, onde residiu, prontificou-se a examinar a paciente através da mediunidade de Yolanda. Após minucioso e demorado exame, a Dra. Anita disse que operaria Maria Paulina no dia seguinte. Na hora aprazada, pediu gaze, álcool, iodo, etc. Tomou providências anticépticas e fez a operação. Corte profundo, bastante sangue, desinfecção, pontos que não se viam, suturando o corte, esparadrapos, etc. Resultado: a enferma curou-se radicalmente do fígado, regulando-se também o fluxo mensal, desaparecendo o corrimento anal!

Durante a intervenção, a enferma conversou com a Dra. Anita e, não obstante ter os olhos vendados, afirma ter visto e acompanhado a operação em suas minúcias.

O fato, como é natural, produziu grande sensação. E tomou maior vulto ainda, depois que o Dr. Plácido, conhecido médico da localidade, deu queixa à Polícia. O Promotor houve por bem abrir sindicância sobre o ocorrido. Ouviu a médium que, no momento, foi tomada pelo Espírito da Dra. Anita, dando ao Promotor todas as informações, com precisão e inteligência.

O jornal de Araçatuba noticiou o caso. Essa maravilhosa intervenção abalou a população de Araçatuba, que permanece ainda sob profunda emoção.

Além da mediunidade curadora, Yolanda revela outras modalidades, inclusive a de vidência ora em início. O seu desenvolvimento mediúnico é recente, dando a impressão de que esse aparelho será um dos grandes médiuns desta Pátria de Evangelho e Coração do Mundo.

Contra fatos não valem argumentos. O caso em apreço é positivo, categórico e notório, tendo enorme repercussão na zona onde se verificou.

Que vejam os que tiverem olhos de ver, por isso que os tempos são chegados.

Vinícius

PREDIÇÃO DE UMA CATÁSTROFE

A magnífica *Revista Internacional de Espiritismo*, fundada em Matão, por Cairbar Schutel, revista que devia ter grande divulgação – publicou a 15 de novembro de 1925, o seguinte:

"Um fato extraordinário acaba de se dar no Rio de Janeiro, de que toda a imprensa fez favoráveis comentários, e cujas notícias repercutiram por toda a União.

O herói de emocionante cena, ocorrida em 23 do mês próximo passado, é o senhor José Júlio Pires, sócio do restaurante 'O Garoto de Lisboa', sito à Rua Chile. Esse moço já há tempo professa o Espiritismo, é um adepto sincero da teoria Kardecista.

O senhor Júlio residia, com sua família, composta de 14 pessoas, à travessa Carneiro, no Estácio, bem na ala do morro de São Carlos, travessa que, conforme noticiamos, teve as suas casinhas soterradas sob escombros de um paredão desabado.

Seriam 22h30 e o senhor Júlio, deixando o seu estabelecimento, foi a uma casa vizinha, em mangas de camisa.

Quando regressava, vindo pelo meio da rua, ao chegar bem defronte ao seu estabelecimento comercial, sentiu um forte abalo no corpo e instintivamente parou. O sangue como que se lhe gelara. Olhou para frente e viu, claramente, nitidamente, a dois passos, o vulto de um frade, de barbas crescidas, longas, veneráveis, vestindo uma túnica branca, muito alva. O homem ficou aterrado, comovido. Que seria? O vulto descerrou os lábios e falou, com energia:

— Eu sou S. Francisco de Paulo!

Não era possível ao senhor José Júlio mover um pé. Todo ele tremia, todo ele era uma pilha elétrica. A visão estendeu a mão e ordenou:

— 'Vai, caminha!'

O homem ficou aturdido: Que fazer?

— 'Corre à tua casa! – voltou a visão. Tua família está em perigo! Salva-a, ordeno-te!'

O Sr. Júlio quis caminhar, quis regressar ao seu estabelecimento, em cuja porta, no meio da rua, se achava.

Era em vão o esforço despendido.

— Tua família e teus vizinhos correm iminente perigo! – voltou ainda a visão. 'Corre, os salva!'

O homem teve um suspiro haustoso prolongado. Sua vista turvou-se. Moveu os pés.

— 'Para'! – ordenou a visão.

E a visão esclareceu-o:

— 'Vai tudo desmoronar-se na travessa Carneiro, onde resides tu e tua família. Corre a salvá-la! Dá aviso aos teus vizinhos! Segue, imediatamente, e eu te seguirei, também!'

Subitamente, o vulto desapareceu. Como que o homem viu a realidade. Correu ao seu estabelecimento, afoito, aturdido, sem pronunciar palavra e, vestindo o paletó, que estava no cabide, saiu a correr como um louco, portas afora. Saiu-lhe no encalço um sobrinho do sócio, de 14 anos, e alguns fregueses.

Apenas saiu de casa, o Sr. Júlio, entrando na avenida, seguido de outras pessoas, começou a alugar automóveis, dizendo a cada 'motorista':

—Toca para a Rua Maia Lacerda! Urgente! Urgente! Ninguém compreendia aquela alucinação:

— Estaria louco, o hoteleiro?

Os seus companheiros, sem compreenderem, embora, aquilo tudo, seguiram-no, no corso de automóveis para a Rua Maia Lacerda.

Quando os automóveis chegaram ao fim da Rua Maia Lacerda, o Sr. José Júlio desceu e saiu, a correr, subindo à travessa, sempre a gritar:

— 'Saiam de casa! Saiam de casa!'

As pessoas que o seguiam ficavam abismadas, mas, como o homem coordenava as ideias e já lhes tinha narrado a história, durante o trajeto feito no automóvel, adotaram a sua conduta e começaram a despertar os moradores.

Em cinco minutos todas as famílias da travessa Carneiro, alarmadas com os gritos desesperados do Sr. José Júlio e de seus amigos, foram despertadas. O homem entrou na casa de nº 9, de sua propriedade, e acordou com grande escândalo todas as pessoas.

— Vamo-nos embora! A casa vai cair! Vamo-nos embora! – na casa do Sr. Júlio dormiam 14 pessoas; todas elas foram despertadas e saíram, em desespero. As crianças, estremunhadas, em choro, eram atiradas à rua, onde ficavam à mercê da chuva que então caía, com certa inclemência.

E o homem saiu a gritar:

— Fujamos! Fujamos!

Ninguém se conformava com aquela gritaria desesperada do hoteleiro.

— Ele está maluco!

A verdade, entretanto, é que, mesmo considerando maluco o homem dos gritos alarmantes, todos iam saindo de casa, carregando os móveis, e se expunham à chuva.

— Mas, afinal – indagou um vizinho –, que é que vai suceder?

O Sr. Júlio respondeu-lhe:

— Tua casa vai ficar soterrada!

E de tal forma estas palavras foram ditas, que o homem, voltando à sua casa, retirou a família e os móveis, ficando, como os outros, no meio da rua, à espera do que viesse a acontecer.

O homem iluminado, que revolucionara em cinco minutos, todos os moradores da travessa Carneiro, não cessara um instante de gritar. Diante de si, tal qual recebera a comunicação, via, rolando no espaço, em destroços, todas as casas da travessa Carneiro.

Ele partiu, naquela mesma hora, em três automóveis, conduzindo sua família para outro local, para a residência de seu sócio.

Os habitantes das casinhas condenadas pelo hoteleiro permaneciam na rua, desabrigados, a mercê da chuva.

Não se confirmava a sua profecia!

— Ele está louco!

Subitamente, porém, o paredão, que estava construído na aba do morro, ruiu.

— Fujamos!

E, dentro de cinco minutos, como anunciara o outro, todas aquelas casinhas, em número de 19, eram soterradas com entulhos do desmoronamento do paredão!

Cumpriu-se, afinal, a profecia.

Como foi noticiado, a despeito de se ter verificado a catástrofe às 23 horas e ficando as casinhas completamente destruídas, não se registrou, felizmente, nenhuma ocorrência de ordem pessoal".

OPERADA POR UM ESPÍRITO

(Da *Revista Internacional do Espiritismo* de 15 de maio de 1937).

"Um fato interessantíssimo e que causou grande impressão, acaba de ocorrer nesta capital.

Uma criança engolira um prego e os pais alarmados procuraram um médico.

O facultativo, Dr. Jorge Meyer, examinando a criança, tirou a ficha radiográfica, passando o seguinte diagnóstico:

'O exame radiológico (radioscopia) da menina Alice Silva revela um corpo estranho (prego) de seis centímetros de comprimento no brônquio direito, perto da bifurcação – Curitiba, 27-2-37 – Dr. J. Meyer'

Diante da gravidade do caso, o Dr. Meyer aconselhou os pais da paciente a procurarem um bom cirurgião.

Alice da Silva, a linda criança loura de 7 anos, padecia muito e os pais, cheios de aflição, dirigiram-se, então, a um cirurgião de nomeada, o Dr. Carlos Moreira. Este, depois de demorado exame, e ciente do laudo do colega, declarou que a intervenção seria perigosa, pois não possuía o aparelhamento necessário.

Aconselhou a família Silva a que levasse Alice ao Pronto Socorro da Capital da República, onde o Dr. Caiado de Castro, especialista no assunto, resolveria a intervenção sem o menor perigo.

O estado de Alice, que não se alimentava, agravava-se lentamente.

A viagem para o Rio seria demorada e os pais, após noites de aflição, resolveram, em última instância, procurar, isto a conselho de pessoas amigas, o Sr. Lauro Sodré da Cunha, conhecido e benquisto médium.

Feita uma sessão, o médium caiu em transe, recebendo o Espírito Dr. Bezerra de Menezes, que, com a máxima precisão, localizou o prego...

Determinou que fosse dado um passe na paciente.

Disse que às 9 horas da noite seria feita a operação espiritual. Descreveu com nitidez a forma porque o prego seria expelido recoberto de gosma. Preceituou algumas recomendações.

E, segundo fora previsto, à hora predeterminada foi o prego expulsado por via bucal com enorme satisfação da família.

Devemos dizer que à hora aprazada, o médium, num compartimento diferente ao em que estava a doente, caiu em transe com perdas de fluidos.

Tivemos oportunidade de visitar a menor Alice, sua mãe e sua tia à Praça Carlos Gomes, esquina da Rua Pedro Ivo nº 1.

Vimos o prego, ouvimos a extraordinária narrativa, lemos o radiodiagnóstico da conceituada Casa de Saúde do Dr. Jorge Meyer.

A família da menor Alice, crente como é, está ali à disposição de quantos queiram receber esse testemunho de um caso positivamente sensacional.

A menina salva milagrosamente pelo médium Lauro Sodré da Cunha é filha do Sr. Antonio da Silva e de sua excelentíssima esposa, dona Marieta da Silva, residentes em nossa capital em casa de um parente à Rua Pedro Ivo, esquina da Praça Carlos Gomes.

Este fato teve grande repercussão em toda a imprensa brasileira".

OS NOSSOS SONHOS

Como sei que muita gente não se interessa pela leitura de uma obra inteira, continuo a transcrever trechos de *O Livro dos Espíritos* (filosofia espiritualista de rara clareza). Eis as perguntas e as respostas dadas por Espíritos:

— O Espírito encarnado permanece de bom grado no seu envoltório corporal?

— "É como se perguntasses se ao encarcerado agrada o cárcere. O Espírito encarnado aspira constantemente a sua libertação e tanto mais deseja ver-se livre do seu invólucro, quanto mais grosseiro é este".

— Durante o sono a alma repousa como o corpo?

— "Não; o Espírito jamais está inativo. Durante o sono, afrouxam-se os laços que o prendem ao corpo e, não precisando este então de sua presença, ele se lança pelo Espaço e **entra em relação mais direta com os outros espíritos**".

— Como podemos julgar da liberdade do Espírito durante o sono?

— "Pelos sonhos. Quando o corpo repousa, acredite-o, tem o Espírito mais faculdades do que no estado de vigília. Lembra-se do passado e algumas vezes prevê o futuro[4]. Adquire maior potencialidade e pode pôr-se em comunicação com os demais Espíritos, **quer deste mundo, quer do outro**. Dizes frequentemente: "Tive um sonho extravagante, um sonho horrível, mas absolutamente inverossímil". Engana-te. É a amiúde uma recordação dos lugares e das coisas que viste ou que verás em outra existência ou em outra ocasião. Estando entorpecido o corpo, o Espírito trata de quebrar seus grilhões e de investigar no passado ou no futuro.

Pobres homens, que mal conheceis os mais vulgares fenômenos da vida! Julgai-vos muito sábios e as coisas mais comezinhas[5] vos confundem. Nada sabeis responder a estas perguntas que todas as crianças formulam: "Que fazemos quando dormimos? Que são os sonhos"?

O sono liberta a alma parcialmente do corpo. Quando dorme, o homem se acha por algum tempo no estado em que fica permanentemente depois que morre. Tiveram sonhos inteligentes os Espíritos que, desencarnando, logo se desligam da matéria. Esses Espíritos, quando dormem,

[4] Tendo de sair em viagem de automóvel, durante à noite sonhei que, debaixo de minha escrivaninha, saíra um grande lagarto, que deixei semimorto, em contorções, a bengaladas. Guiava meu automóvel o Sr. José Minholo, a quem contei o sonho antes de sairmos. Numa baixada, entre Itu e Porto Feliz, um lagarto enorme foi apanhado pelo carro, ao atravessar a estrada, e lá ficou em contorções. Note-se que deve ser raríssimo um automóvel apanhar um lagarto.

[5] Como se explica que, da mesma boca, possam sair sopros frios ou quentes?

vão para junto dos seres que lhe são superiores. Com estes viajam, conversam e se instruem. Trabalham mesmo em obras que se lhes deparam concluídas, quando volvem, morrendo na terra, ao mundo espiritual. "Ainda esta circunstância é de molde a vos ensinar que não deveis temer a morte, pois que todos os dias morreis, como disse um santo".

Logo adiante diz o Espírito-instrutor:

— "O sonho é a lembrança do que o Espírito viu durante o sono. Notai, porém, que nem sempre sonhais. Que quer isso dizer? Que nem sempre vos lembrais do que vistes ou de tudo que haveis visto, enquanto dormíeis. É que não tendes então a alma no pleno desenvolvimento de suas faculdades. Muitas vezes vos fica apenas a lembrança da perturbação que o vosso Espírito experimenta à sua partida ou no regresso, acrescida do que resulta o que fizestes ou do que vos preocupa quando despertos. A não ser assim, como explicaríeis os sonhos absurdos, que tanto os sábios quanto os mais humildes e simples criaturas têm? Acontece também que os maus Espíritos se aproveitam dos sonhos para atormentar as almas fracas e pusilânimes".

É preciso que se saiba que maus Espíritos podem nos envolver ao nos desprendermos para o sono do corpo e teremos pesadelos horríveis e nossos sonhos serão mentirosos.

O próprio Espírito que ditou as páginas acima, perguntado sobre o que se deve pensar das significações dos sonhos, nos esclarece:

— "Os sonhos não são verdadeiros como o entendem os ledores de "buena-dicha", pois fôra absurdo crer-se que sonhar com tal coisa anuncia tal outra. São verdadeiros no sentido de que apresentam imagens que para o Espírito têm realidade, porém que, frequentemente, nenhuma relação guardam com o que se passa na vida corporal. São também, como atrás dissemos, um pressentimento do futuro, permitido por Deus, ou a visão do que no momento ocorre em outro lugar a que a alma se transporta. Não se contam por muitos os casos de pessoas que, em sonho, aparecem a seus parentes e amigos, a fim de avisá-los do que lhes está acontecendo? Quando tendes certeza de que o que vistes realmente se deu, não fica provado que a imaginação nenhuma parte tomou na ocorrência, sobretudo se o que observastes não vos passava pela mente quando em vigília?"

Mas, se o leitor está interessado, melhor é que adquira a obra citada.

Quem ler obras espíritas encontrará perfeitamente provado os milhares de casos de sonhos premonitórios.

Nos tempos em que eu não podia acreditar ou não queria acreditar, dirigindo, em São Paulo, uma revista humorística intitulada *O Sacy*, em 1927, para o número que devia sair na sexta-feira santa, sonhei – quem sabe? – que devia fazer pilheria publicando as "Profecias do *O Sacy*". Eu as fiz e lá estão as tais profecias registradas.

"Reuní" em congresso todos os abantezmas, duendes, silfos e assombrações sob a presidência do Sacy. A Mãe do Ouro, o Lobisomem, o Corupira, a Mula-sem-cabeça, a Bruxa e outros mais e foram feitas as profecias válidas por três anos:

— O senhor Presidente do Estado morrerá de congestão cerebral (antes dos três anos morria desse mal o meu bom amigo Dr. Carlos de Campos, então presidente).

— O cabo-eleitoral Molinaro será assassinado na praça pública (assim se deu).

— Um banco dirigido por políticos perrepistas irá à garra (e lá se foi o banco, dando grandes prejuízos, especialmente a pessoas do interior do Estado).

— Outro banco, dirigido pelo pai de um político em destaque, não irá à garra porque o governo o socorrerá em tempo (adivinhe qual foi...).

— Teremos uma revolução que triunfará depois de nos pôr em perigo de uma guerra contra a Argentina e muitos anos serão precisos para que o Brasil entre em situação normal...

Mais coisas "saíram" e mais coisas se deram.

Nesse tempo eu não sabia que não devia jurar e jurei nunca mais fazer profecias.

Era a mediunidade que queria se manifestar.

SONHOS HUMORÍSTICOS E INSTRUTIVOS

Assim como há sonhos que nos fazem chorar dormindo ou arrancam de nossos corações maravilhosas preces, há também os humorísticos.

Há muito sonhei – e do sonho tirei um ensinamento – que estava pescando na volta de um rio poético, num remanso sombreado, quando alguém me perguntou:

— Com que isca estás pescando?

— Com fígado de Mussolini.

— Aaaaaah... Peixe não pega nisso.

Parecia ter-me esquecido do sonho durante o dia, quando, à noite, tendo Vicente tomado o médium, perguntou-me:

— Pires... Com que isca você pescou esta noite?

Confirmando assim os ensinamentos do capítulo anterior.

Os Espíritos não só podem nos envolver ao sairmos da matéria, para que esta repouse nos dando sonhos extravagantes ou jocosos e instrutivos, inspirando-nos poesias, romances e músicas, como podem experimentar o grau de nosso sentimento caridoso.

Há poucas noites notei, em mim mesmo, que o brasileiro, graças a Deus, não sabe odiar, nem dormindo, nem em sonhos.

Pois sonhei que, indo a Tietê, minha terra, ali encontrei Mussolini, magro, abatido, meio paralítico, disfarçado com um chapelão de abas largas desabadas.

E, no sonho, pensei: não, não devo denunciá-lo: coitado, falhou na sua missão e, se já está sofrendo tanto aqui na terra, o que não sofrerá no Espaço por séculos e séculos até que alcance, pelo arrependimento, licença para voltar a este mundo de regeneração?

Não denunciei a presença de Mussolini em sonho como não denunciaria em vigília. E estou contente por isso. Penso que não se deve aumentar a aflição ao aflito, porque tenho absoluta certeza de que a vingança não compete aos homens, mas aos Espíritos para tal fim escolhidos.

EFEITOS DA PRECE

Uma prece curta, que nos saia do íntimo, dificilmente será obumbrada por pensamentos estranhos a ela. Esses pensamentos, por simples que sejam, como que envolvem a prece num véu, numa penumbra, que a impedem de se irradiar.

Quando estamos em prece, nossa aura toda se expande e nos ilumina. A Luz irradiada pela prece não só nos torna mais visíveis para os Espíritos protetores, como também penetra os perispíritos, ou corpos astrais, dos espíritos sofredores que sempre nos rodeiam e são, para eles, como um bálsamo de uma suavidade indefinível: daí a razão de sempre nos pedirem preces. A prece para eles será como para quando, em plena escuridão, nos apareça uma pessoa trazendo uma lâmpada que nos ilumine a estrada. A luz suave não ofusca e cega e a luz da prece é doce e suave. A prece longa será mais facilmente envolvida por pensamentos estranhos e a nossa vibração luminosa será prejudicada.

Eis as palavras de Jesus sobre a prece:

"Quando orardes, não vos assemelheis aos hipócritas que, afetadamente, oram de pé nas sinagogas e nos cantos das ruas, para serem vistos pelos homens. Digo-vos que eles já receberam sua recompensa. – Quando quiser orar, entrai para o vosso quarto e, fechada a porta, orai a vosso Pai em secreto; e vosso Pai que vê o que se passa em secreto, dar-vos-á a recompensa.

Não cuideis em pedir muito, nas vossas preces, como fazem os pagãos, os quais imaginam que pela multiplicação das palavras é que serão atendidos. Não vos torneis semelhantes a eles, porque vosso Pai sabe do que é que tendes necessidade, antes que lho peçais.

São também de Jesus estas palavras:

"Quando vos aprestardes para orar, se tiverdes qualquer coisa contra alguém, perdoai-lhe, para que vosso Pai que estais nos céus, também vos perdoe os vossos pecados. – Se não perdoardes, vosso Pai, que está nos céus, também não vos perdoará os pecados".

Também é de Jesus esta parábola:

"Dois homens subiram ao templo para orar; um era fariseu, o outro, publicano. – O fariseu, conservando-se de pé, orava assim: Meu Deus, rendo-vos graças por não ser como os outros homens, que são ladrões, injustos e adúlteros, nem mesmo como esse publicano. Jejuo duas vezes por semana; dou o dízimo de tudo que possuo.

O publicano, ao contrário, conservando-se afastado, não ousava, sequer, erguer os olhos ao céu; mas batia no peito dizendo: Meu Deus, tem piedade de mim, que sou um pecador.

"Declaro-vos que este voltou para sua casa justificado e o outro não; porquanto, aquele que se eleva será rebaixado e aquele que se humilha será elevado".

Tão forte é o poder da prece, que o Dr. Carrel assevera ter presenciado a cicatrização instantânea de um corte, enquanto os crentes oravam. E Carrel não é espírita...

Eis alguns fatos presenciados por mim:

A 20 de outubro de 43, em Thermas de S. Pedro, na Pensão Bandeirantes, Cesário, o médium, que vinha tendo escarros de sangue, logo que voltamos do salão do Grande Hotel, onde eu realizara uma palestra humorística, dessas que nos dão o pão material, entrou no meu quarto, onde havia uma cama desocupada, nela se deitou para um fiapo de prosa. Foi logo tomado pelo Espírito boníssimo, Bezerra de Menezes, que me disse:

— O Cesário não está bom e já perdeu quase dez quilos em pouco tempo; estou aguardando ordens para operá-lo.

Depois de uma confortadora palestra, recomendou-me.

— Meu velho amigo, apague a luz e faça uma prece daquelas, a meia voz.

Graças a Deus, por Jesus, saiu-me do íntimo a prece.

Ouvi um ruído que se ouve ao se destapar uma caixinha metálica e escutei a conversa estabelecida entre Bezerra e Outros Espíritos:

— Volte o corpo um pouco mais... Assim, meio de bruços... Está bem... Dê-me outra lanceta, essa é muito pequena... É preciso serrar essas três costelas... (Ouvi o ruído da serrilha por três vezes e Bezerra continuou falando): O tumor estava por baixo da costela e já estava começando a prejudicar o pulmão. Este menino recebeu algum golpe violento nas costas. (Dirigindo-se a mim) Ele nada te disse, meu amigo? (Ao que respondi: Cesário, por mais que sofra, nunca se queixa). É um aparelho raro (disse e continuou a falar com os irmãos invisíveis, para mim). Agora corte essa ponta de osso... Mais curta... aí...

(Ouvi o ruido seco e forte de uma torquez aparando um fio grosso metálico). Ainda ficou comprido... Aí, está bem (novo estalido). Vamos fechar o corte. Bem, Vicente, forme o pensamento e vá buscar uma ampola de (não me recordo do nome). Aplique aqui a injeção... Não tem coragem? Está com dó de seu protegido? Não, não pode ter dó; é preciso. Está bem, dá cá, eu mesmo dou a injeção (ouvi um gemido). Deus é muito bom! – Raimundo, limpe bem o lençol e não deixe uma gota de sangue; não quero ainda que o menino saiba que foi operado (dirigindo-se a mim). O Cesário vai ficar bom depois de uma série de injeções, mas como não gosta delas, nós mesmos as aplicaremos. Vai engordar seis quilos em menos de dez dias. Que a Paz em Jesus fique com vocês. Vou deixá-los.

Desencorporou-se e então se deu um fato admirável! Ouvi, no espaço, a voz direta de Cesário reclamando: — "Como vocês me retalharam este corpo!" E seu Espírito tornou ao seu invólucro material. Já plenamente desperto, o Cesário (eu já havia acendido a luz) respirou fundo e me disse:

— Vim conversar com o senhor e dormi; mas que sono abençoado! Sentia tanta dor ao respirar e já não sinto nada!

Em menos de oito dias Cesário engordou seis quilos.

Quando lhe perguntei se recebera algum golpe nas costas, disse-me que, ao ser agredido em Itapetininga, batera as costas contra a guia do passeio. Este caso será narrado depois.

Como se vê, os Espíritos encontram grandes vantagens nas preces para realização de seus trabalhos de Caridade.

* * *

No caso abaixo deixo de citar nomes, por justo escrúpulo.

Em Catanduva, no Estado de São Paulo, X tinha o hábito de chicotear o filho, então com 15 anos de idade, desde pequenino. O chicote já estava reduzido à metade. O filho vivia martirizado; imagine-se o martírio da mãe ante os sofrimentos do rapazinho.

O senhor X é um bom homem, trabalhador, e não havia explicação para a sua brutalidade.

Ao entardecer de certo dia, X entra em casa possesso, gritando:

— Onde está F?

— Ainda não chegou... (disse a mãe aterrorizada ante as feições descompostas do esposo).

— Hoje eu mato aquele bandido a pancadas! Imagine! Esteve jogando bilhar depois que saiu do serviço! Arrebento-lhe, na cabeça, a argola do chicote! – e saiu como uma fera em procura do filho, deixando a esposa com os olhos rasos de água. Mal saía o pai e entrava o filho, cheio de alegria.

— Mãe... estou com uma fome!

— Meu filhinho... (soluçou a mãe). Você terminou o serviço e foi jogar bilhar... Seu pai vai bater tanto em você...

O menino entristeceu-se, não quis jantar e foi deitar-se para esperar as pancadas. Imagine-se a tortura desse Espírito na expectativa do brutal castigo.

Dali a pouco entrava X rubro de cólera:

— Ele já chegou?

— Já, X, mas o perdoe por esta vez ...

– Perdoar? Perdoar? Ele vai ver o que é perdão... E você já sabe, hein! Não se meta... Ele vai apanhar com a argola e na cabeça! – dirigiu-se à cozinha, apanhou o chicote e rumou para o quarto do filho.

Nesse momento produziu a prece o seu efeito maravilhoso! A mãe correu para o seu quarto e caiu de joelhos, pedindo:

— Jesus! Tem piedade de meu filhinho!

Nesse instante ouviu-se, no quarto do menino, o grito do pai se lamentando:

— Estou desgraçado, meu Deus! Estou perdido! Como será a minha vida?

A esposa correu, em socorro, ao quarto do filho e viu seu esposo, com o braço erguido, empunhando o chicote, choramingando:

— Estou paralítico! Estou desgraçado para o resto da vida! Não posso baixar o braço...

E a mãe, envolvida em fluidos de Amor e Gratidão, foi logo dizendo:

— X! Essa é a Piedade de Deus, e a Misericórdia de Jesus Cristo! A Caridade de Jesus é tão grande, que eu vou transmitir-te um passe e você vai baixar o braço, não mais para bater em meu filhinho, mas para acariciá-lo e protegê-lo!

Assim se deu. Dias depois, conseguimos apanhar o obsessor de X e doutriná-lo.

E a Paz, graças a Deus, reinará naquele lar, se X souber se defender.

* * *

Este outro caso se deu em Uberlândia, Minas, e sua delicadeza não permite a citação de nomes.

O meu bom confrade e amigo João Godói, andando eu muito doente e já um tanto interessado quanto as coisas do além... desejoso de orientação "mesmo" que fosse espírita, em começos de 1940, levou-me à casa de uma senhora, médium, a fim de vermos se conseguiríamos uma receita para meus males. Foi o dia mais feliz de minha vida. Estabeleci relações com o meu bom, o meu querido Espírito, Bezerra de Menezes, meu velho amigo de prisquíssimas eras.

Sofria eu havia muitos anos, de horríveis cólicas intestinais, após longas crises de "arroto-choco", e tão prostrado ficava que estava me tornando um homem inútil.

Bezerra, com a sua doçura de sempre, disse-me logo:

— Não vais ficar magoado com o velhinho?

— Absolutamente.

— Seus males são provenientes daquelas grandes bebedeiras de outros tempos...

— Mas tanto pedi a Deus que, há 25 anos, não tomo bebidas alcoólicas...

— Agradeça a João Nepomuceno.

— Não me lembro de ter conhecido alguém, com esse nome, que tenha morrido – respondi ingenuamente. O Espírito sorriu e respondeu:

— E nem podia ter conhecido... Seu fígado e seus intestinos estão em pandarecos, mas vou receitar e vai ficar bom e assim se manterá se seguir a dieta que vou dar. Compre um vidrinho de "Nandula"; não vá se rir por dizer a bula que o preparado é contra a incontinência de urina das crianças, mas veja que na bula diz que também é ótimo contra atonia intestinal e vesical. Em vez de três gotas, tome seis, de manhã, meia hora antes do café, seis às 3 horas da tarde e seis ao se deitar; compre também um vidro de "Eparema", mas use poucos dias para que o organismo não se habitue e... volte amanhã, pois esta noite vou penetrar seu organismo para um exame mais completo. Somos Pensamento e o pensamento tudo penetra e atravessa a Terra, o Fogo, a Água e vence as maiores distâncias com incrível rapidez... Para o seu mal-estar vou dar já um remédio e para o Godói outro, pois ele há pouco se empanturrou de macarronada. Traga-me dois meios copos com água.

Trazidos os copos conversamos mais um pouco e o Espírito nos disse:

— Podem tomar; os remédios foram colocados.

Julguei que beberia uma água comum, mas qual não foi minha surpresa ao sentir forte cheiro de clorofórmio! O remédio do Godói – o provei – era bicarbonato.

Comprei a "Nandula": 4 cruzeiros. Achei barato demais. À noite tomei o remédio e de manhã repeti a dose; melhorei muito. Mais tarde fomos à casa do médium e logo Bezerra o tomou, perguntando-me:

— Achou barato demais? Pois saiba que os remédios são como os homens: quanto mais humildes, melhores. Vais ficar bom, mas toma cuidado: não comas couve, repolho, molhos, queijo, manteiga, leite...

— E um presuntozinho?

— Deus nos livre! Carne de porco é suicídio. Já não bastam esses óleos de caroço de algodão? A ganância dos homens não tem medida. Sabes por que a mocidade de hoje usa óculos e é hemorroidária? Óleo de caroço de algodão...

— Mas o óleo de oliva também é vegetal...

— Mas é extraído da polpa e não da semente. Óleo de algodão é ótimo para maquinismos.

Em dois ou três dias me senti outro. Intestinos funcionando maravilhosamente.

— "Estou são" – dizia eu, como se fosse possível um aparelho concertado tornar-se perfeito como um novo. Segui para Araxá. Logo ao almoço veio um lombo de porco como só os mineiros sabem fazer... Não resisti à tentação e comi quatro dedos de lombo.

Nunca hei de me esquecer. Quando regressei a Uberlândia, era quase um defunto. Nunca sofri tanto! Fui de novo à casa do médium, desta vez em companhia do meu queridíssimo amigo, o velho Alfredo Vilela. Bezerra incorporou-se e perguntou-me logo:

— Quem foi que te fez mal?

— Fui eu mesmo. Sabia que carne de porco é um veneno e comi.

— Bem respondido. É costume de quem sofre dizer: "por que Deus me faz sofrer?" Sempre a culpa é da própria pessoa e não de Deus, que dá a todos o entendimento e o livre-arbítrio e não faz sofrer a ninguém.

Desde então comecei a seguir os conselhos dos bons Espíritos e toda a gente me pergunta qual o segredo para conservar bom aspecto, aos 60 anos, depois de me haverem visto, antes, combalido e perrengue...

Grande foi o meu desgarre do tema "O Valor da Prece", mas vai agora o caso.

Depois da conversa com Bezerra, disse-me ele:

— Aqui está uma irmãzinha ansiosa por falar com você. Vou deixar o aparelho. Fiquem na Paz de Deus.

Imediatamente outro Espírito tomou o médium e, emocionado, dirigiu-se a mim:

— Cornélio, graças a Deus me foi concedido falar com vocês. Eu sou Fulana; a casa mais bonita da cidade era minha e eu era uma das moças mais bonitas de Uberlândia. Contava apenas 19 anos e gostava tanto de meu maridinho... e ele, acreditando numa calúnia, cortou o fio da minha existência com uma bala... Cornélio, como eu me revoltei! Desejei, de coração, duas balas; uma para ele e outra para meu caluniador. Fui, então, levada para um lugar escuro, escuro, e tão quente como uma fornalha! Como eu sofri, Cornélio! (Fez uma pausa e, depois, vibrante de alegria, pediu-me) Cornélio, vá procurar F e diga-lhe que **suas preces me tiraram daquele inferno**! Diga-lhe que eu desejo que as duas balas se transformem em duas rosas, uma para ele, outra para o meu maridinho... Cornélio, vai depressa dizer-lhe isso!

Depois de mais uns momentos de palestra, despediu-se o Espírito.

Imagine-se a alegria de F ao receber o recado. Nessa ocasião disse-me ele: "Não sei explicar como me saíram dos lábios palavras de desconfiança, justamente perto do marido, que eu não vira".

Veja-se, aqui, além do valor da prece o cuidado constante que devemos ter com a língua.

— "Não julgues para não seres julgado" – disse Jesus.

A CARIDADE EXIGE ESFORÇOS

Quando conversei, pela segunda vez, com o irmão Bezerra de Menezes, perguntei-lhe se baixa à Terra sem sacrifício; a resposta foi esta:

— "Para baixarmos a fim de praticarmos a Caridade, deixamos uma região tão sublime que não pode ser, nem de leve, imaginada pela mais rica imaginação humana. Damos, então, um mergulho e não podes imaginar as nossas dificuldades. Logo que atingimos a atmosfera terrestre sentimos o fétido, a confusão dos maus, a balbúrdia entre os sofredores ignorantes que ainda se julgam presos à matéria; os ódios, as paixões, as disputas e perdemos parte de nossos fluidos até atingirmos o médium. Novas dificuldades se nos apresentam. Algumas vezes o mesmo aparelho que pouco antes deixamos em forma, vamos encontrá-lo entenebrecido de raiva, de pensamentos hostis, por qualquer pequena contrariedade que se lhe apresente. Mas Deus é muito bom e nos dá forças para vencermos esses obstáculos, e tão sublime é a recompensa da volta ao nosso ambiente, que tudo suportamos com paciência".

Passaram-se três anos desta nossa conversa e venho agora encontrar as impressões de "Imperator" por meio da mediunidade de Moses:

— "Recorremos à prece, ausentamo-nos por um tempo as ansiedades e cuidados inerentes a uma missão, dirigida sobre uma esfera inferior, procuramos a harmonia da esfera da adoração, o repouso perto dos Bem-aventurados, porque devemos fortalecer-nos a fim de evitarmos a tristeza e não afrouxarmos na nossa tarefa.

Oh vós que percorrestes os antros do vício, os refúgios da miséria, os recantos insalubres, vós que, tomados de desfalecimento e desespero diante de tal diversidade de males horrorosos, vos sentistes abatido e impotente para aliviá-los, tal era a vossa incapacidade, para trazer remédios eficazes. – Supondes, erroneamente, que não sentimos também ainda mais pungentes mágoas que as vossas, pois vemos com melhor clarividência as causas da dor, do crime, do desespero e as hordas de seres atrasados, artífices do pecado, que não nos são ocultas. Nada nos escapa, nem a miséria material, nem a tentação espiritual. Não nos associamos a vós sem respirar o ar do vosso ambiente, sem aspirar de algum modo o sopro da maldição.

O que experimentais ao contato das impurezas e pungentes misérias de vossas cidades populosas, nada é comparado ao gélido estremecimento que se apodera de nós à aproximação da vossa sórdida atmosfera. Deixamos os ciclos de luz, de pureza, de beleza, separamo-nos dos seres aperfeiçoados, ativos e vibrantes de harmonia, para acharmo-nos no meio de um povo desobediente, incrédulo, voltado ao materialismo, morto para a influência espiritual. Aqueles que entre vós nos ouvem, até certo ponto, só tomam das nossas palavras o que lhes agrada e afastam-se quando se lhes pede o esforço que deve erguê-los da terra e levá-los a um plano superior. A história de Jesus renova-se. Os homens seguem-nos enquanto a sua curiosidade está excitada ou o seu interesse pessoal está em jogo; mas quando queremos suprimir o elemento egoísta e tratar dos fatos eternos, eles se afastam por serem incapazes de compreender. E assim os benefícios que trazemos são rejeitados com ingratidão, e a perspectiva de um mau êxito aumenta a nossa aflição. Então refugiamo-nos na paz serena, para tornar a voltar cheios de harmoniosos eflúvios das esferas, que nos sustêm nesses labores em um mundo sem alegrias e entre um povo ingrato".

Grandes verdades. Todos que são curados pelos Espíritos querem pagar ao médium e tentam-no, na sua pobreza, com vultosas quantias – Graças a Deus ele as recusa.

E eu costumo dizer a essas pessoas: nada quero, apenas lhe peço: Leia os Evangelhos – Será que eles leem? Duvido.

De cem que se dizem cristãos, noventa e nove nunca leram os Evangelhos...

UM PRESENTE DO ALÉM

O Ajudante de Ordens do Interventor do Paraná, Sr. Manoel Ribas, o Capitão Pimpão, estava abatido, de cama, sem ânimo de se entregar a médicos materiais, sem poder se alimentar devido a uma úlcera no duodeno. Pediu fôssemos visitá-lo; fomos e o Espírito recomendou-lhe tomar, durante dez dias, chá de casca de louro, para amolecimento da úlcera a ser isolada. E daí a dez dias lá fomos, com ótima corrente formada por membros da Federação Espírita; o Cap. Pimpão foi operado e, como houvesse pedido que deixassem o sangue num vaso, assim foi feito.

Mas a grande surpresa foi o presente deixado pelos Espíritos à Federação Espírita do Paraná: **a seringa e a agulha usadas durante a operação**!

Há espíritas que me censuram por citar fatos e nomes. Não os censuro por isso. Os fatos são luzes e eu, de maneira nenhuma, desejo pôr a candeia debaixo do alqueire.

Há casos em que não cito nomes e os próprios leitores reconhecerão a delicadeza das situações.

Na hora do ataque, que aguardo sem temor, se os beneficiados quiserem atestar os fatos, bem e, se não quiserem, não haverá mal nisso.

Soube que nova úlcera do paciente foi operada por médico de São Paulo, em 1945.

UM CASO RARO

Longa foi nossa estadia, com o médium, em Curitiba, onde este entrou em franco desenvolvimento.

Transportes de medicamentos, de cartas depois de seladas e carimbadas no correio, tendo eu escrito de manhã, para São Paulo, recebendo resposta na tarde do mesmo dia; fotografias deixadas em São Paulo e que, em pleno dia, caíam no quarto. Mas o fato mais notável e único em toda a literatura espírita foi o seguinte:

Tive a ideia de deixar, sobre um guarda-roupa, minha pequena máquina fotográfica, 6x9, "film-Pakt", bem ao fundo, junto à parede, sem que o médium de nada soubesse. Entre o meu e o quarto do médium havia uma porta de comunicação, que fechei. Este, chegando logo depois, estendeu-se numa cama vaga; notei que estava um tanto abstrato; depois se levantou, pôs-se a tocar discos numa vitrola que eu comprara num "ferro-velho". Tive a intuição de ir verificar se algo tinha havido e, com grande surpresa, verifiquei que haviam sido usadas duas películas! O Espírito, tomando o médium, disse-me:

— Pires, vais ter uma agradável surpresa; manda revelar nem que perca o resto da carga. Em toda a literatura espírita não encontrarás fato idêntico: um Espírito fotografar a outro Espírito em plena luz do sol. Vê que possibilidades mediúnico-fluídicas tem este menino. Se continuar assim, confiante e sem aspirar a recompensas materiais ou pecuniárias, vai ser o maior médium do mundo. Analfabeto, despretensioso, não inveja a mediunidade de outros aparelhos nem se orgulha da sua. Isto é raro e você tem visto quanto ele se exaspera quando querem forçá-lo a receber dinheiro (o médium tem recusado centenas de contos de réis) e, quanto a você...

— Tendo um prato de comida e um colchão...

— Já sei.

Mandei revelar e copiar as fotografias; uma nada deu e parece ter servido para experiência, mas a outra (imagine-se a minha alegria) deslumbrou-me: – De perfil, na janela de meu quarto, recebendo sobre o ombro esquerdo toda a luz do sol, estava meu irmão Raimundinho, desencarnado, em Tietê, nos últimos dias de dezembro de 1900! Fora esmagado por uma das rodas de um carro de bois, com 100 arrobas de açúcar, quando ia para o seu trabalho de agrimensor.

Incluo essa foto num álbum que tem o título "**onde estás, ó morte**!" com mais de 200 fotografias de Espíritos, já em fase de análise.

ESCRITA DIRETA

A 20 de agosto de 1942, no Hotel Majestoso, estando eu sozinho e, descuidado, recebi os seguintes versos com uma rima ingenuamente forçada:

"Neste mundo tudo se acaba,
nesta vida tudo se evolui;
Mas a Saudade só não se acaba
porque
quanto mais velha fica, mais dói".

Estando em desenvolvimento psicográfico, concentrei-me e saíram-me estes versos, com incrível rapidez:

"A Saudade é tão sublime,
tão doce e amarga em seus ais,
que ora enleva, ora deprime,
aos próprios irracionais.
Mas o que abate e tortura,
toda a noite e todo o dia,
e nos enche de amargura,
não é ela, é a Nostalgia...

C. Neto".

Já havia lido diversas descrições de sessões de escrita direta, experiências rigorosamente controladas, usando, os experimentadores, duas lousas daquelas de escolares, justapostas, recolhidas a invólucros lacrados, em sessões no escuro, e em que os Espíritos deixavam suas escritas. Mas em Curitiba, às 15 horas, mais ou menos, o meu lápis se levantou e pôs-se a escrever! O susto do médium foi enorme. Mas, ouvindo o ruído do lápis, sempre que eu olhava, este caía e era interrompida a escrita.

Hoje reconheço a letra do Espírito incumbido da escrita.

Achei extraordinário o caso de se dar a escrita a lápis, sobre papel, em pleno dia, e pouco depois eram os bilhetes escritos, metade com pena, a tinta, e metade a lápis.

Ignorante, julguei o fato único no mundo... e não me lembrei do Eclesiastes que nos assevera nada haver de novo sob o sol.

Lendo a *Análise das Cousas*, do Prof. Gibier, lá fui encontrar a descrição dos mesmos fatos em mais de 500 experiências por ele feitas em 1886...

Diz ele:

"Somente depois que observei o fenômeno da escrita-direta, pelo menos quinhentas vezes, foi que decidi publicar as minhas pesquisas".

Por que dificilmente podemos ver o lápis escrevendo? Diz o mesmo sábio que:

"A muita luz e a irradiação do olhar, prejudicam a produção do fenômeno quando a força anímica é fracamente exteriorizável".

O Sr. Harry Alis, bem como o Sr. Patinot, diretor do *Journal des Debats*, de Paris, assistiram a experiências em casa do Prof. Gibier, em novembro de 1986 e, entre outras coisas, escreveu o primeiro:

"Uma palavra de um dos espectadores fez o médium voltar a cabeça, e este, por movimento nervoso, involuntário, adiantou a ardósia à minha vista. Durante essa posição, que calculo ter durado de dois a três segundos, **vi o lápis, sozinho, correr rapidamente sobre a ardósia, traçando caracteres**".

COMUNICAÇÕES TELEFÔNICAS

Coelho Neto tornou-se espírita depois de haver, telefonicamente, se comunicado com sua filha, que passara para o Além.

Odilon Negrão recebeu recado de Paulo Faria.

A minha vez também chegou, Graças a Deus.

Em setembro de 1942. Mário Lucila, jovem mecânico que trabalhava na "Pireli" em Santo André, foi passar as férias conosco, em Curitiba, ficando hospedado no mesmo quarto do médium, ligado ao meu por uma porta interna.

Certa noite desapareceu o médium; não havia notícias e fomos ficando nervosos. Pelas 3h30 da madrugada, nervosíssimo, sem poder dormir, fui alarmado com um recado pelo porteiro da noite, do hotel; chamava ao telefone! Àquela hora só se davam, geralmente, ligações para médicos, polícia ou bombeiros. Corri ao aparelho e folguei ao ouvir a voz do Cesário:

— Seu Cornélio, estou em Bocaiúva – a mais de 30 quilômetros de Curitiba, na rodovia São Paulo-Curitiba.

— Mas, como! Aí não há telefone!

— Isso é que está me impressionando. Seu pai cortou um canudo de taquara e eu estou falando nesse canudo! Como é isso?

— Não é possível. Não acredito, Cesário.

— Quer falar com seu pai?

Depois de ouvir, por três vezes, um ruído semelhante ao de um rádio ao receber a corrente, e meu pai se identificando, ouvi-lhe a voz calma e suave, completamente diferente da voz do médium:

—Meu filho, esteja tranquilo; Cesário está aqui conosco e vai ser transportado para mais perto da cidade de onde um automóvel irá levá-lo ao hotel. Durma tranquilo. Quer falar com o Dr. Bezerra?

— Sim – e logo ouvi outra voz diferente:

— Meu velho amigo, a Paz esteja contigo; podes dormir sossegado. Estamos fazendo uns trabalhos com o Cesário; daqui a pouco ele estará aí.

O médium chegou impressionadíssimo e só pela manhã pude conciliar o sono.

Conversando, depois, com o Espírito, sobre esses fatos, disse-me:

— E se você fizer funcionar, ao mesmo tempo, centenas de estações de rádio e um milhão de aparelhos receptores colherem as estações que quiserem, disso você não se admira? O aparelho telefônico muito mais nos facilita: tem baterias, fone e fios.

A esposa do médium estava em São Paulo, em adiantado estado de gravidez, e um dia o médium me disse:

— Graças a Deus a Maria vai passando bem. (Quem lê as cartas, para o Cesário, sou eu).

— Veio alguém de lá te dar notícias?

— Não, senhor; tenho notícias dela por telefone.

— Mas não há ligação telefônica entre São Paulo e Curitiba!

— De certo é telefone da Sorocabana. (Ele pensava que a Sorocabana ia até Curitiba).

— Mas a estrada de ferro não tem telefone para São Paulo...

— Se o senhor não acredita, escreva ao Tio Carlos (Sr. Carlos Ribeiro, tio da esposa do médium, residente à

Rua Clélia, 774) em São Paulo, e ele lhe dirá se tenho ou não falado com ele.

Chegando a São Paulo o Sr. Carlos confirmou os telefonemas e se prontificou a dar-me uma declaração a respeito, o que julguei desnecessário, pois, nestes casos, quem tiver de crer em mim, crerá, e quem não puder crer, ainda que queira, não crerá. "Abençoados os que creem sem ver" – já dizia o próprio Jesus naqueles tempos.

Outro fato:

— A 22 de julho, no Hotel Vicente, em Sorocaba, às 17h45, um empregado do hotel foi ao meu quarto avisar-me de que me chamavam ao telefone.

Atendi e ouvi uma voz muito diferente da do médium, que estava em companhia do ventríloquo Romeu Rodrigues e nessa hora vinha de regresso da casa de uma tia sua, e a voz era docemente suave, dizendo-me:

— A Paz seja contigo.

— Assim seja.

— Estás ocupado hoje?

— Vou realizar duas palestras; uma antes da fita no cinema doutro lado do rio e outra doutro lado da linha, depois das fitas, mas, sendo preciso, comunicarei ao empresário e à polícia e as transfiro.

— Não... Iremos junto com o Cesário; manda-o, incontinenti, com o carro, a Itapetininga; temos uma Caridade a praticar.

— Posso saber de quem é a ordem?

— D'Ele.

Largava o fone quando entravam Cesário e Romeu.

— Cesário, tome o automóvel e siga para Itapetininga.

— Como! O senhor vai trabalhar e eu tenho de fiscalizar a porta e transportá-la de um para outro cinema...

— É ordem de cima.

— Então não se discute – e partiu sem esperar o jantar.

Dois dias após e depois de sérias contrariedades em Itapetininga, onde foi agredido por um desses beleguins à paisana, regressava o médium contando que, antes de chegar àquela cidade, à noite, encontrara uma pobre mulher tombada na beira da estrada a rogar a Jesus que a socorresse. Mesmo ali foi operada, sendo-lhe extraídos grandes cálculos.

"Pedi e vos será dado", e Jesus atendeu aos rogos de sua ovelha, aparentemente desamparada na beira de uma estrada.

A consequência desse ato de Caridade foi a operação cirúrgica por que teve de passar o médium em Thermas de São Pedro e que, noutro capítulo, vai ser narrado.

ESCLARECIMENTOS DE ESPÍRITOS

A nossa aversão à leitura de obras que cuidem do Espírito, a nossa preguiça em nos instruirmos, a nossa falta de observação, dão origem aos nossos erros nos casos em que devemos agir como orientadores de Espíritos, que sofrem no espaço, até que alguém possa explicar-lhes a maneira de se encaminharem. Enquanto não conseguirem aliviar o peso de seus perispíritos, ainda sobrecarregados de preocupações materiais e oprimidos pela atmosfera mais próxima da terra, eles não são tangíveis pelos Espíritos mais elevados a não ser por intermédio do médium que, ainda preso à lama da terra, pode dela desatolar o sofredor para entregar aos que estão no espaço. O médium é uma espécie de traço de união entre o Espírito sofredor e os doutrinadores do espaço, onde existem escolas para instrução dos Espíritos, muitas vezes sábios na terra, mas supinamente ignorantes quanto à vida espiritual.

De um Espírito ouvi, em Uberlândia, umas instruções quanto à situação do médium ante a multidão de Espíritos sofredores que o cercam, aguardando a hora de escaparem para cima. A explicação, dada num meio pecuarista, tem um sabor campesino.

Disse-me o Espírito:

— Você já viu um gado xucro preso numa mangueira? Quando se abre a porteira, os bois todos querem sair ao mesmo tempo e há um atropelo horrível! Os animais se comprimem, esmagam-se, pisam-se, ferem-se a cornaços; a porteira para eles é a medianeira para a liberdade. Como porteira é o médium; os Espíritos são como os animais que querem se utilizar da porteira: sem bons auxiliares junto dela, haverá atropelo e luta no Espaço.

Boa corrente, meu irmão, boa corrente nos trabalhos doutrinários, para proteção do aparelho.

Tenho assistido – principalmente nos grandes centros espíritas – sessões de doutrinação de Espíritos a portas abertas, com entrada franca, atraindo uma multidão de curiosos. Isso é uma exibição da caridade para com os nossos irmãos sofredores e só serve para trazer decepções aos visitantes que, não conhecendo a Doutrina, não compreendem, não estão em estado de compreender a situação dos Espíritos e dali saem fazendo mofa, achando que tudo é mistificação do médium e perdem o interesse que começavam a sentir pelo Espiritismo, no qual esperavam consolação e conforto.

A situação dos sofredores nessas sessões (sessões mais sujeitas à manifestação de Espíritos mistificadores, que se aproveitam do natural retraimento dos sofredores e se utilizam do médium, tomando-nos preciosismo tempo e nos burlando se não houver na mesa um médium vidente) é difícil e só tomam o médium em último caso, para não perderem a vez, temendo não achar outra ocasião. Em público, o Espírito atrasado, ainda com restos do orgulho adquirido na Terra, não tem coragem bastante para confessar os erros e pedir ensinamentos sobre a maneira de se ver livre dessa tortura, alimpando-se dos pensamentos que o torturam na confusão das trevas. Em sessões públicas eles não terão ânimo de expor suas úlceras morais. Penso que isto seja falta de caridade.

As correntes formadas por gente humilde, sem grandes preocupações materiais, nas sessões a portas fechadas, darão grandes e bons frutos e os Espíritos mistificadores não encontrarão facilmente o médium desocupado, para dele se utilizarem. A prática me leva a assim pensar.

Tive ocasião de ouvir, mais de uma vez, os Espíritos, em sessões a portas fechadas, se queixarem dizendo:

— Quantas vezes tenho vindo e voltado da porta... Era tanta gente... Eu tinha vergonha de dizer quem sou e expor minha triste situação e de me ensinarem a maneira de provar a Deus meu arrependimento e encontrar um pouco de alívio. Por que essa curiosidade? Agora me sinto mais à vontade. – e expõe o seu caso.

Não devemos nos esquecer de que, quando estamos esclarecendo um Espírito, milhares de Espíritos, que estão na mesma situação, estão sendo esclarecidos. É como se estivéssemos numa cátedra a distribuir ensinamentos a uma multidão de alunos, enquanto respondemos às objeções de um aluno que quer, de fato, aprender.

Onde há curiosidade há margens para os habilíssimos mistificadores que vêm soluçando, em lágrimas, fingindo grandes sofrimentos. É verdade que os mistificadores também têm certa utilidade: desbancar o orgulho do médium, por exemplo, que diz só receber Espíritos de alta categoria...

Já trabalhei um mistificador que chorava de cortar o coração, a clamar contra a treva e o calor de fornalha em que o torturavam.

Percebi a mistificação mas continuei, de todo o coração, a incutir-lhe ensinamentos de que me abeberara nas obras de Kardec e, terminando a doutrinação, disse ao Espírito: – "Estás vendo como nos podemos utilizar até dos mistificadores para a prática da Caridade? Todos esses esclarecimentos não foram dados a você, mas aos sofredores que nos cercam e deles tirarão o proveito procurado, enquanto você está aí amarrado...".

O Espírito soltou uma gargalhada e considerou: "O fim de quem engana é ser enganado".

EM VIAGEM!

ESPÍRITO MOTORISTA

Colocado um aparelho de Gasogênio em meu carro, seguimos, em começos de 1943, para Curitiba. Que viagem! A nossa inexperiência ou a ineficiência do aparelho nos deram sofrimentos terríveis. Gastamos três dias e três noites para lá chegar... Rebocados daqui, arrastados dali, fomos até São Miguel. Lá chegando, à noite e resolvemos a ir pousar em Capão Bonito, depois de jantarmos um café com leite.

Logo que saímos, senti um tapinha carinhoso na cocha esquerda e o Espírito me disse:

— Viu como sei guiar?

— É você. Vicente?!!! – O médium, voltando o rosto para meu lado, tinha os olhos fechados.

— Você está com medo?

— Quem confia em Jesus nada teme e eu sei que Jesus não daria esse poder a um incompetente.

— A tua confiança robustece a minha... (e, em ar de brincadeira, perguntou-me): Pires, você quer desencarnar?

— Se é chegada a hora, não sendo sacrificado o Cesário, seja feita a vontade do Pai e não a minha.

— Estou brincando. Você ainda tem muito que fazer na Terra, e eu sei até a hora da tua passagem para cá.

Guiou até avistarmos as luzes de Capão Bonito e me avisou:

— Ali há um posto de guarda e se virem o Cesário guiando de olhos fechados...

Dormimos naquela cidade e, noutro dia, conseguimos ir almoçar em Apiaí.

A alguns quilômetros além da ponte do Ribeira, deu-se um dos fatos mais notáveis! Regulava 14 horas e o motor começou a enguiçar, até que parou de uma vez. Cesário desmontou o carburador, para limpeza, e depois não achava meios de recolocá-lo.

Não sei de onde, graças a Deus, surgiu um caipira, na sua roupa de algodão muito limpa, com o paletó no braço direito, e começou a observar as dificuldades do Cesário, terminando por propor:

— Eu entendo um pouco disso, pois trabalho no serviço rodoviário; se quiser, eu arrumo o carburador.

— Quem sabe, sabe – concordou Cesário. – E é um grande favor.

O homem depôs o paletó sobre a porta do automóvel e, rapidamente, fez o serviço.

Como prova de gratidão, eu, que levava uma remessa de meu livro *Quem conta um conto...* para Curitiba, tomei de um exemplar e ofereci ao bondoso roceiro que nos socorrera.

Seguimos e, só mesmo com o auxílio dos de cá e dos de lá, conseguimos chegar a Curitiba.

A gentileza do Interventor Ribas nos permitiu a volta usando gasolina...

Saímos pelas 19 horas e o Espírito logo tomou o médium e "pisou" de verdade. O luar era maravilhoso e perguntei ao Vicente se não estava correndo demais.

— Vamos a toda porque aí atrás vem vindo um temporal.

— Com um luar destes?

— Você vai ver; e não cuide de pousar em Capão Bonito senão vocês amanhã ficarão quase impossibilitados de vencer a estrada de São Roque em diante. (Fez uma pausa e me disse): Pires, o livro que você me deu está aí, em cima do assento traseiro.

— Nunca te dei livro algum, Vicente...

— Deu, Pires...

— Não dei e não dei!

— Não seja turrão. Você me deu um livro quando eu concertei o carburador...

O tempo se transformou com incrível rapidez e o Vicente "pisava" cada vez mais.

— Pires, não pouse em Capão Bonito, Pires... Aguente firme...

Não aguentei, pousamos naquela cidade e só nós sabemos os apuros que passamos de São Roque a Cotia...

Hoje dou preferência à viagem noturna, quando longa. Não quero melhores motoristas que os do Espaço.

IRRETORQUÍVEL

Em agosto de 1883, o jornal *O Reformador*, em número que lá está na biblioteca da "Federação Espírita Brasileira", à Avenida Passos nº 30, no Rio de Janeiro, à disposição de quem queira verificar, publicava a mensagem a seguir, recebida em Silveiras, no norte paulista, pelo médium Ernesto de Castro, em 30 de junho de 1876, época em que Santos Dumont contava apenas 3 anos de idade.

"Vencer o espaço com a velocidade de uma bala de artilharia, em um motor que sirva para conduzir o homem, eis o grande problema que será resolvido dentro de pouco tempo.

Essa máquina poderosa de condução não será uma utopia, não.

O Missionário que traz esse aperfeiçoamento à terra já se acha entre vós.

O progresso da viação aérea, que tantos prosélitos têm achado e tantas vítimas hão feito, não está, portanto, longe de realizar-se.

O aperfeiçoamento de qualquer ciência depende do tempo e do estado da humanidade para recebê-lo.

A locomotiva, esse gigante que avassala o deserto e vence as distâncias, será como um insignificante invento ante o pássaro colossal que, qual condor dos Andes, percorrerá o espaço, conduzindo em suas soberbas asas os homens de vários continentes.

Os balões, meros exploradores e precursores da admirável invenção, nada, pois, serão perante o belo e portentoso pássaro mecânico.

Esse Deus de Bondade e de Misericórdia, que nada concede antes da hora marcada, deixa primeiramente que seus filhos trabalhem em procura da sabedoria e, depois que eles têm se esforçado para descobrir a verdade, aí então lhes envia um raio de sua divina luz.

Já vedes, ó mortais, que a navegação aérea não será um sonho vão, mas sim uma brilhante realidade.

O tempo, que vem próximo, vos dará conhecimento desse estupendo motor.

Brasil! Tu, que foste o berço desta descoberta, serás em breve o país escolhido para demonstrar a força da grandiosa máquina aérea.

Eis o prognóstico que vos dou, ó brasileiros.

Estevam Montgolfier.

Muito em breve um humilde operário apresentará uma grande invenção...".

SE...

Se alguém dissesse a 50 anos atrás – portanto, ontem – que as fotografias se moveriam como os seres viventes; que a luz se transformaria em sons e esses sons em palavras e que essas fotografias falariam;

— que um aparelho, com asas, com ou sem motor, voaria transportando homens e canhões a milhares de quilômetros e que, em poucas horas, se iria do Brasil à África;

— que embarcações navegariam sob a água;

— que teria gelo à sua disposição feito em sua casa;

— que uma pessoa, falando na Rússia ou no Japão seria, instantaneamente, ouvida no Brasil;

— que poderia ver e ouvir uma pessoa ou uma cena teatral, em sua casa, estando a pessoa em Tóquio e a cena se desenrolando em Londres;

— que pelo ar ou pelo fio poderia uma pessoa ser fotografada, do Brasil, estando em Nova York;

— que um disco de massa falava;

— que verdadeiros vagões deslizariam pelas ruas, sem cavalo ou vapor...

Quem tais coisas dissesse passaria por louco.

Imaginem agora o que dirão de quem disser, como eu digo, que, dentro de pouco tempo, veremos, num aparelho provido de lentes e espelhos ou tela, os nossos entes queridos que deixaram a Terra e com eles conversamos... Dirão, naturalmente: ou está **louco** ou está nos **mistificando**.

Quem viver verá...

OS ESPÍRITOS TAMBÉM BRINCAM

Antes de atingirem maior desenvolvimento e elevação, os Espíritos, como as crianças, gostam de brincadeiras entre si e de pregar "peças" uns aos outros.

Quando o médium Mário foi passar as férias em Curitiba, levei-o comigo a Cruzeiro, em Santa Catarina, e no "Hotel Gloria", tive ocasião de falar muitas vezes com meu Pai, que sempre foi amigo de brincadeiras e engraçadas "blagues", nem sempre compreendidas pelos ignorantes, que não sabem distinguir uma brincadeira de uma mentira e trazem, nos seus Espíritos acanhados, sempre alerta, a malícia e a deturpação das intenções, dando-lhes interpretações perversas a fim de se divertirem.

O protetor, ou um dos protetores do Mário, é o Espírito de meu pai.

Certa noite, pelas 11 horas, luzes apagadas, notei que o médium estava sendo tomado e logo ouvi uma exclamação:

— Ora dá-se!

— Que foi?

— Vicente não larga de brincadeiras...

— Que aconteceu?

— O Dr. Bezerra me mandou procurar uns remédios e, em caminho, encontrei o Vicente. Sabe o que me fez? Mostrou-me um canudinho torto o qual se colocando uma ponta na boca a outra ficaria na altura da testa, e me disse que soprasse para ver como era interessante. Soprei e uma nuvem de pó finíssimo me sujou a testa... Mas eu vou já alcançá-lo e ele me paga...

Desprendeu-se e eu fiquei muito admirado quando o médium me pediu que acendesse a luz, pois lhe tinha caído, de certo do forro, grande quantidade de pó no rosto! E foi lavar o rosto...

Veja-se aí a forte impressão que pode um fluido causar na matéria.

A "vingança" do "velho" se deu, pois, ao regressar a Curitiba, Vicente, tomando o Cesário, disse-me:

— O Raimundo me pregou uma... uma, não, duas: estávamos na beira de um rio e ele me chamou: – "Vicente, olhe que coisa interessante no fundo rio". E, quando arquei, me empurrou e eu caí na água; mas um dia destes cheguei sorrateiramente e enlambuzei a barba dele de goma-arábica... Mas o pior ele me fez ontem.

— Que foi?

— Ele vinha muito sério com uma caixinha artística na mão e me disse: – "Olhe que beleza, Vicente! Quando baixei o rosto sobre a caixinha, esguichou-me uma porção de óleo usado, desses que se usa nos motores de automóvel! Fiquei todo enlambuzado... Ele tinha posto por baixo da caixinha uma seringa, dessas grandes de clister, sem bico, e que apertou quando baixei a cabeça para ver o que havia na caixinha...

Hoje, Graças a Deus, quando pergunto pelas brincadeiras, respondem-me: – "Não fale mais nisso; esse tempo já passou; hoje o que queremos é trabalhar em benefício de vocês todos que por aí ainda andam às cegas".

A última vez que Vicente brincou comigo foi quando, tomando de uma lata de talco, perguntou-me:

— Que é que tenho na mão?

— Ora, Vicente, que há de ser senão uma lata de talco?

— Não tenho lata nenhuma na mão.

— Mas, se estou vendo...

— Isto não é lata: é papelão.

Hoje, quando nos querem pôr em vibração, distraindo-nos, contam-nos histórias como esta: (mais uma prova de identificação: era costume de meu Pai, deitado na sua rede, nos reunir, os filhos, para nos contar histórias de fundo altamente educativo).

— Meu filho, vou te contar uma história. Havia dois lavradores vizinhos, muito amigos. Um dia, um deles, que tinha oito filhinhos, indo para a roça, ouviu pios de filhotes de passarinho, a chorarem no ninho, e logo viu que um gavião levava, nas garras, a mãe dos coitadinhos. Foi para o serviço e o seu amigo notou que grande era a sua tristeza, perguntando-lhe a razão dela.

— Hoje, quando vinha, vi um gavião pegar uma fêmea de passarinho e os coitados dos filhotes lá ficaram chorando e vão morrer de fome. Comecei a imaginar... se a morte me pegar, que será dos meus oito filhinhos?

E o amigo lhe respondeu:

Quando você voltar mais tarde, fique observando o que se dá.

E, ao regressar, à tarde, viu o homem, com grande alegria e emoção, que outra fêmea estava alimentando os filhotes! — E Jesus disse que não deixaria órfãos sobre a terra e que as aves do céu nem os lírios do vale pensam em sua alimentação e vestuários e estes não lhes faltam, quanto mais ao homem. No mundo que aí vem, o homem cuidará do homem.

BOA RESPOSTA

Em Ourinhos ou Xavantes, na Sorocabana, um caipirinha espírita se enamorou de uma graciosa caboclinha, católica romana e de família também católica.

A consequência do namoro honesto deu em noivado, mas... Era preciso consultar o senhor Vigário.

Feita a consulta, mandou este que lhe trouxessem a pobre vítima a fim de ser retirada das garras de Satanás.

O padre desembuchou toda a sua teologia e procurou convencer o rapaz com quanto batido argumento pôde reunir e terminou dizendo:

— Só há um homem na terra que se comunica com Deus, e esse homem, que é homem e é santo infalível, é o Papa. O Papa transmite as ordens recebidas aos Cardeais, estes aos Arcebispos, estes aos Bispos, estes aos Vigários...

— Mas será que Deus fala dia e noite inteira com o Papa?

— Não; tem dia e hora determinados.

— Então você, seu Vigário, na hora que Deus não está falando com o Papa, está falando conosco, os pobrezinhos, pois Ele é tão bom...

E dois Espíritos que desejaram se unir na Terra foram separados pelo totalitarismo religioso.

OUTRA

Em Botucatu, distinta senhora tem um filhinho desses ditos levados da breca pela vivacidade das respostas, terríveis perguntadores que põem os adultos mal preparados em palpos e aranha... (Espíritos inteligentes e adiantados que reencarnam).

A mãe, não estando o filho em idade escolar, e querendo um pouco de descanso, mandou-o para o Jardim da Infância, das freiras. Dias depois, uma delas trouxe o menino e foi logo dizendo que desculpasse, mas não era possível tê-lo lá:

— Imagine a senhora – disse a irmã – que o menino não quis ir à Capela, rezar, e como eu disse que se ele ficasse sozinho na sala, o Diabo viria pega-lo, imagine o que me respondeu (e benzeu-se):

— Se o Diabo aparecer, eu chupo a ponta do rabo do Diabo...

Credo... e saiu se benzendo.

ANEDOTA DE ESPÍRITO

Também os Espíritos bons, mas ainda com muita afinidade com a Terra, gostam de contar suas anedotas e anedotas que nem eu conheço.

— Certa vez... (disse-me um Espírito) numa cidade do interior, na porta de um hotel, estavam uns viajantes comerciais reunidos, matando o tempo, à espera do jantar. Há entre eles terríveis gaiatos. Em frente ao hotel havia um barbeiro muito gago e os "cometas" tiveram uma ideia: infernizar o pobre Fígaro, que tinha pendurada ao batente uma gaiola com um periquito.

Um deles dirigiu-se ao barbeiro:

— Bonito pássaro... que passarinho é esse?

— É pi...i. .. riquito.

— Que é que ele come?

— Cóóóó... me miiilho, aaaarroz, ba a nana...

— Interessante – e se retirou, mandando outro colega.

— Que belo passarito!Que ave é essa?

— É pi...iiu ... riquito.

— Que é que ele come?

— Aaaarros... baaaanana... po... o... lenta ...

— Sim, senhor; é interessante.

E assim foi o terceiro, o quarto, o quinto viajante... O pobre barbeiro já estava "por conta" quando apareceu um caipira cabeludo e, casualmente, olhou para o periquito. O barbeiro, rubro de cólera, bradou-lhe, marcando compasso com o indicador.

— É pii ... i. .. iriquito; có ... ó ... me mi... lho... baa... na... ana...

O caboclo saiu às pressas, comentando:

— Pobre do barbero... Ficô lôco...

* * *

Esta outra é das mais interessantes e vem demonstrar que aqueles que, na Terra, viviam a aborrecer os bons portugueses, atribuindo-lhes os maiores absurdos, também no espaço continuam a caceteá-los.

Contou um Espírito, que um português, novo-rico, comprou um lindo e potente automóvel de luxo. Procurado noutro dia pelo vendedor que desejava saber se o freguês estava satisfeito, este foi-lhe logo dizendo:

— O motor é o que pode haver de bom, a carroceria é uma beleza, o molejo é a última palavra. O estofamento é superior, mas o raio do carro tem um grande defeito.

— Defeito?! É só dizer qual é e o corrigiremos.

— É que não há meios d'eu meter o pé na partida!

O carro, moderno, tinha o botão de partida manual, na parte alta, junto ao volante...

IDENTIFICAÇÃO DE ESPÍRITOS

Para aquele que crê, a identificação de um Espírito é coisa secundária: se se trata de um sofredor, interessa-lhe o seu esclarecimento; se um Espírito superior, a sua doutrinação, os seus ensinamentos. Bom é deixar que os Espíritos se identifiquem quando quiserem.

Tive um caso de identificação muito curioso. Na ocasião em que estive em Cruzeiro, de Santa Catarina, um Espírito, uma noite, tomou o Mário e começou a falar em inglês. Eu, que não sei inglês senão pouquíssimas palavras, me vi em dificuldades e respondi: (ponho aqui as palavras do inglês conforme as pronuncio):

— Ai nou spique inglês.

— Óóóó... Iú no spiquingles,!!!

— Iú american?

— No... (com ênfase) I'ngIes.

Como saber-lhe o nome? Tive uma ideia:

— Ai, Cornélio Pires e iú?

— Cornélia... Prs, iés, iés... Ai, tecnical avieixon, Mister Bley.

Disse ainda uma porção de coisas que não entendi e desencorporou-se. Isto foi, mais ou menos, em setembro de 1942. Em fevereiro de 1943, indo realizar uma palestra humorística em São João da Boa Vista, foi passado na tela um jornal e qual não foi nossa surpresa – minha e do Cesário – ao aparecer, num dos quadros, um robusto inglês sob os letreiros: – "Mister Bley, o notável técnico em motores de avião, morto num desastre de aviação".

Dias depois o Espírito, tomando o médium, perguntou-me, num português macarrônico:

— Você viu minha retrata na cinema?

Há pouco tempo, conversando com um mecânico do Campo de Marte, tive a melhor confirmação. Perguntando-lhe qual o melhor livro sobre motores de avião, respondeu-me:

— É o de um inglês, Mister Bley.

* * *

Não há muito tempo a "União Federativa Espírita Paulista" recebeu do Rio uma carta em que pediam verificasse um caso. Manifestara-se, num dos centros espíritas, do Rio, um Espírito dizendo chamar-se Antonio Bins e ter desencarnado em consequência da queda de um cavalo, em São Paulo, onde fora soldado de cavalaria da polícia. Feita a averiguação, informou o Comando que o soldado Antonio Bins, da Cavalaria, em tal época (não tenho à mão o ofício, que deve estar no arquivo da "União"), morrera em consequência de uma queda de um cavalo.

Nem todos os Espíritos gostam que se lhes peça provas de identidade, principalmente os mais elevados que tomam, às vezes, um médium sem cultura alguma e fazem lindas e profundas pregações doutrinárias. Geralmente respondem ao curioso:

— Queres a doutrina ou queres um nome? Nome é rótulo... Queres o vinho, ou o rótulo?

Deu-se comigo um fato, a 24 de janeiro deste ano, em Ouro Fino, Sul de Minas, que me comoveu. Ao passar pela frente de um desses centros muito humildes, portanto muito bons, entrei no ato em que se procedia a leitura de um trecho evangélico. Terminada a leitura, pedi ao Presidente que me fosse concedida a palavra, no que fui logo atendido. Falei durante uns 40 minutos e, sendo convidado, sentei-me à mesa dos médiuns. Trazidos os sofredores, pediu-me o Presidente que os esclarecesse. Terminados os trabalhos, perguntei:

— Por que não perguntou qual o meu nome?

— Porque as suas palavras foram cheias de Amor e Ensinamentos.

Caso raro, convenhamos...

Só depois me identifiquei.

MISSÕES

Que Deus limpe meus pensamentos para que minha maneira de pensar e expor não seja conspurcada pela paixão. Se estiver em erro, que Deus me perdoe.

Penso que os Judeus realizaram uma das mais duras missões na Terra, sustentando a **unidade de Deus** numa época em que os deuses abundavam e se uma família tinha dez membros, dez deuses eram adorados e servidos naquele lar e cada um disputava sobre a superioridade do seu. Torturas horríveis, perseguições tremendas sofreram, mas terminaram vencendo. Os judeus, porém, se desviaram do rumo espiritual e se entregaram à gana do **domínio material** da Terra, esta "gota de lágrima girando no espaço", na justa expressão de El Erial ("Terra Virgem").

E o exagerado apego às coisas materiais trouxe a ruína de um grande povo.

Vieram os primeiros cristãos, perseguidíssimos, sofreram as mais terríveis torturas e serviram de tochas humanas, envoltos em breu e piche, para a iluminação das bacanais e torneios desportivos de Roma. Confiantes, cabisbaixos e humildes, sofriam em nome de Jesus. Não o negavam perante os homens e Jesus não os negou perante o Pai. Nunca se imaginou que a ambição, o desejo de **domínio material** da Terra, iria se aproveitar de tanto sofrimento e de tantos exemplos.

Reuniram-se alguns cristãos e se resolveram a arranjar chefes materiais que escolheriam um "chefão"... Este começou a baixar ordens; realizaram-se os primeiros Concílios e foram sendo criadas **leis de igrejas,** e as dos Evangelhos foram sendo, aos poucos, relegadas. O imperador Constantino, por política, dá forças à Igreja e esta se torna pior que seus perseguidores! Sai a matar, a esquartejar, a queimar vivos os descrentes ou de crenças diferentes das suas, em nome de Deus!!! De Deus que é **amor**!

Cruzadas e fogueiras da Inquisição...

Esqueceram-se dos ensinamentos do Amado... Mestre:

"Quem és tu para implantar a crença no coração de teu semelhante?"

E veio o grande mal, o desejo do **domínio material da Terra**.

Para atrair pagãos, buscaram, na exterioridade dos ritos, o chamariz para as multidões incultas, fanatizáveis e ansiosas em busca de um Deus Verdadeiro. Mas os que vão a seus templos, cheios de ouro e púrpura, se estiverem de coração limpo, receberão do Pai o salário a que fizerem jus pelas suas obras, que são o melhor testemunho de sua Fé. Não têm as ovelhas culpa de serem tosquiadas, mas o pastor que as explora pagará o seu tributo.

Graças a Deus a Igreja também evoluirá: ela queimou a grande médium Joana D'Arc como feiticeira e hoje a canonisa como **santa**. Aquele que reconhece seu erro e o retifica, descarrega de si uma responsabilidade e a Igreja, um dia, retificará seus erros e arrancará a densa cortina da **teologia** que a envolve e confunde os que a procuram e não mais haverá Concílios a estabelecerem, para os povos, Leis de Igreja que ponham em confusão os que buscam os ensinamentos de Jesus.

— "As raposas têm seus covis e as aves do céu seus ninhos: só o Filho do Homem, (Jesus material) não tem onde repousar sua cabeça" – disse o Cristo. Ele não teve tronos de ouro e púrpura nem palácios suntuosos.

Contrariando a vontade de Jesus que recomendou: "*Lede os Evangelhos. Pregai os Evangelhos, levai os Evangelhos por toda a face da terra; ide, pregai aos pobres, e curai os enfermos e* ***dai de graça o que de graça recebeste***". – E vieram as preces tabeladas, etc., etc. e bradaram: – "Não leiam os Evangelhos, vocês não os entenderão: nós os leremos por vocês". E chegaram ao cúmulo de, em seus catecismos, suprimir, **suprimir** o 2º mandamento da **lei de Deus**: "Não farás **imagem** ou escultura do que há na Terra e debaixo das águas e não lhes renderás culto". (Os santos foram homens da Terra). Para encher a brecha, dividiram em dois outro mandamento: "Não desejarás as coisas alheias" – 1 – e "Não desejarás a mulher de teu próximo" – 2 – ...Como se a mulher do próximo não fosse coisa alheia.

—"Meus ministros serão esposos de uma só esposa". (Na época a bigamia e poligamia eram comuns) e, zás, o celibato clerical para a imoralidade e se desculpam dizendo que a esposa é a igreja. Sim, a **verdadeira igreja é a esposa do Cristo** e não dos homens.

Para cúmulo dos cúmulos, há 74 anos, tornaram **santo** e **infalível** o seu chefe, quando Jesus, que era Jesus, disse: "**bom só é o Pai**", respondendo a um dos apóstolos que lhe chamara **bom**.

Na sua fúria em busca do **domínio material da Terra**, implantaram o totalitarismo religioso, suprimiram a **liberdade de conciência, o livre-arbítrio**, maior dádiva de Deus aos homens, grande nas vantagens e grandíssima nas suas responsabilidades.

Não satisfeitos, consumiram os Evangelhos e acharam que o **trabalho material** tomaria tempo ao Espiritual e deste se puseram a tirar proveitos.

O Apóstolo Paulo carregava seu tear às costas e fazia tapetes e tendas para ganhar o pão material, pregando aos sábados e todas as noites; outros apóstolos eram pescadores a enfrentar a vida áspera e perigosa dos que vivem sobre os mares e tinham outras profissões de que tiravam o sustento.

Mas, somos humanos... somos fracos... Peço desde já que me perdoem por dizer Verdades na melhor das intenções. Mas vejam como a igreja evoluiu: ai de mim se estivéssemos no tempo da **inquisição**... Hoje, quando muito, bradarão nos suntuosos templos e pelas correntes aéreas: “Não vão ouvir as palestras humorísticas de Cornélio Pires! Ele é o Diabo! Não leiam *Coisas do outro mundo*, é obra de Satanás!!!”

Belzebu tem as costas largas... Quando Jesus (e eu sou lixo e escória em comparação com o Mestre) dava vista aos cegos, fazia andar os paralíticos e curava os enfermos, diziam os antigos fariseus: “Ele cura em nome de Belzebu”... Hoje em dia, quando os Espíritos que são de Deus, os Mensageiros de Jesus, por seus médiuns materiais dão vista aos cegos e curam os enfermos, dizem eles: “Eles são Satanás!”

— Que bons Satanases... – É preciso paciência, muita paciência, para com os modernos fariseus.

Sei que um feixe de raios do moderno Júpiter vai ser jogado sobre mim, mas não os temo, pois prometo ficar humildemente quietinho debaixo dos para-raios da verdade, da humildade e das mais puras e boas intenções.

* * *

Estava o povo sem liberdade de consciência e a coisa mais difícil era conseguir-se um exemplar dos Evangelhos. Vem, então, a **missão dos protestantes** que, à custa de muita lágrima e muito sangue, reconquistam, para a Humanidade, a **liberdade de consciência** e realizam a **maior das obras: a difusão dos evangelhos em todas as línguas e em toda a face da Terra**!

Mas aí! Sempre a teologia e o dogmatismo, bem como o sectarismo e o proselitismo a prejudicar a obra. E Lutero, Calvino e outros, **queimam vivos, também**, nas praças públicas os que pensavam de maneira diversa! Caem no mesmo erro dos primeiros católicos romanos.

Mas o Protestantismo, como o Romanismo, vai evoluindo e ambos se transformarão quando se desprenderem da **letra** que **mata** e alcançarem o **espírito que vivifica**.

E, então, **teologias** e **dogmas** levarão uma cambalhota e **haverá** um **Só rebanho com um só pastor – o Cristo de Deus**.

Ficou o Protestante aferrado à letra que mata e não compreendeu que era preciso que Jesus voltasse ao Pai para que o **e Espírito Verdade**, o **Consolador**, nos revelasse Deus, pela terceira vez, em **toda a face da**

Terra. Como se revelar? Por meio de alguém. Se este alguém é médium-católico-romano, a revelação é boa e o instrumento utilizado pelo Espírito passa a ser **santo**; se o instrumento não é católico-romano, passa a ser Satanás, tanto para o católico como para o protestante; neste ponto estão eles de pleno acordo.

Saibam os que lerem **a vida dos santos** que aqueles fatos são hoje mais ou menos vulgares, no Brasil, principalmente em São Paulo, onde é preciso chocar o meio materialismo em que vivemos.

Por três vezes Deus se revelou ao homem: por Moisés, dando-nos os dez mandamentos; por Jesus, dando-nos a Luz dos Evangelhos e, depois de sua partida para o Pai, pelo **Espírito Verdade**, o **Consolador**, ou o **Espírito Santo** que se manifesta em toda a face da Terra.

Vejamos agora os que aceitam a **terceira revelação** de Deus: os Espíritas cristãos.

Jesus dizendo que vinha trazer a luta e a discórdia, já sabia que muitas esposas intolerantes não permitiriam que seus maridos buscassem e praticassem as verdades (e vice-versa). Pais interviriam censurando filhos e filhos se revoltariam contra os pais que buscassem a Jesus, **como Ele é** nos seus ensinamentos. *E é o que se dá. Muitos são os obreiros chamados e poucos os escolhidos, recusados — não para salvação, que ela mais cedo ou mais tarde a todos tocará — são os que se recusam ao trabalho sob pressão material ou alegando fúteis pretextos. E é bom que se saiba que cada um receberá seu salário de acordo com suas obras:* ***Deus é justiça.***

Penso que a melhor propaganda do Espiritismo cristão está **no exemplo** dado pelos verdadeiros espíritas. E como é difícil... O exemplo na Caridade, na Paciência, no Perdão e na Tolerância. Grande é a responsabilidade do Espírita cristão: ele já não pode dar a desculpa de que é um cego a conduzir outro cego. Sua responsabilidade foi centuplicada, mas receberá **mil** por **um** na hora de receber seu salário.

Saibamos agradecer ao Pai o fato de havermos, na atualidade, encontrado o terreno livre de pedrouços, raízes e tropeços, arado entre lágrimas e sangue pelos que vieram antes de nós. Hoje a aração é suave e a semeadura é fácil, mas estejamos atentos e vigilantes contra os semeadores de joio, tanto da Terra como do Espaço.

Cuidado, espíritas! Não se esqueçam de **oração** e **vigilância**. Quando Jesus disse ao **apóstolo Pedro** (!):

"Arreda-te de mim, Satanás", referiu-se, naturalmente, ao mau pensamento que se apossava de seu discípulo. Satanás, Belzebu. Diabo, Demônio, Capeta, etc. são os maus pensamentos; moram dentro de nós e é preciso extirpá-los como erva daninha, antes que se desenvolvam. E isso não é para o bem de Deus, é para nosso bem, pois teremos de evoluir pelo nosso esforço, a fim de merecermos ser deuses, como diz a Lei.

Dai graças ao Senhor quando te perseguirem e insultarem por defenderes a Doutrina de Jesus e com risos de mofa te ridicularizarem. O combatente da frente está sempre mais exposto que os que ficam escudados atrás dos livros nas fortalezas de suas bibliotecas e não sabem expor aos seus semelhantes os ensinamentos que guardam só para si. Eles terão sua recompensa enquanto esconderem a luz debaixo do alqueire, deixando seus irmãos desorientados, tateando nas trevas da ignorância e das superstições.

Não se preocupem os espíritas com a aparente desunião que reine no campo material. Espiritualmente somos um só corpo e ai de nós, espíritas, no dia em que escolhermos um homem para nosso chefe! Cairemos no regime do dogma e nosso papa será soberano... Seja sempre **Jesus o nosso chefe soberano**, pela sua Doutrina, assim na Terra como no Espaço.

Lembrem-se sempre os espíritas de que devem ser o **exemplo de amor** e muita **caridade**, que é a confirmação da FÉ.

"ENSINOS ESPIRITUALISTAS"

Neste capítulo vou selecionar instruções altamente úteis da maravilhosa obra do Espírito Imperator, que se valeu da mediunidade e da cultura do Rev. Williams S. Moses, contradizendo-lhe as opiniões com ensinamentos notáveis. "A obra é integralmente estupenda e difícil se torna extrair-lhe tópicos, sem ordem cronológica, colhidos aqui e ali. *Ensinos espiritualistas*, de Moses, é uma das obras mais interessantes que tenho lido, estudado e meditado.

Diz Imperator:

— "Tratamos da divina Missão que nos é conferida. No número das contínuas dificuldades que nos assaltam, uma das mais sérias é que aqueles cuja cooperação desejamos, porque são adaptáveis ao nosso assunto, são ordinariamente embaraçados por noções teológicas preconcebidas ou assustam-se com o que parece contradizer o que aprenderam. Então somos incapazes de os influenciar e afligimo-nos vivamente por se atribuir o que deriva de Deus a adversários, a um demônio todo-poderoso e malfazejo".

— "Falamos de uma revelação do Pai Celeste, mas eles têm já uma revelação que julgam ser completa. Assinalamos a sua inconsistência, demonstrando-lhes que, em parte alguma, ela pretende a finalidade ou infalibilidade que lhe assinalam. Respondem-nos com palavras sem nexo, tiradas dos formulários de uma igreja ou baseadas em uma opinião adquirida e adaptada de acordo com qualquer pessoa, que pretendem considerar infalivelmente inspirada. Aplicam-nos um testemunho tirado de alguma narração sagrada, que foi dada em uma época especial, para um fim determinado e que se persuadem ser de aplicação universal e contínua".

— "A fé cega não pode substituir a esperança raciocinada; pois a fé é a fé, quando repousa sobre bases sólidas e escolhidas, que a Razão confirma; do contrário não pode impor-se a ninguém. Se não se apoiar, absolutamente, em coisa alguma, não temos precisão de demonstrar a sua nulidade e falsidade".

— "Censurais a incompatibilidade das nossas instruções com o credo reconhecido como ortodoxo. Temos ainda algo a dizer sobre esse assunto".

A Religião, a vida sã do Espírito tem dois aspectos: um dirigido para Deus, o outro para o homem. Que diz de Deus o credo espiritualista?

Em vez de um tirano ciumento e irritado, revela um Pai amoroso, na verdade justo, bom e cheio de afeição mesmo pela mais baixa de suas criaturas. Não reconhece nenhuma necessidade de propiciação para esse Deus; rejeita como falsa toda a noção que apresente esse Ser Divino sob o aspecto de um senhor vingativo, punindo violentamente o transgressor ou exigindo o sacrifício de uns para resgatar o pecado dos outros. Ainda menos ensina ele que esse Ser onipotente reine em um céu onde o seu prazer consista em receber o culto dos eleitos e em olhar as torturas dos condenados, privados para sempre de luz e esperança.

Tal antropomorfismo não pode achar lugar em nosso credo. Deus, tal como Ele se nos faz conhecer pela uniformidade de suas leis, é puro, amoroso, santificado e perfeito, incapaz de crueldade, tirania e outros vícios humanos. Deus centro de amor e de luz age em estrita conformidade com as suas imutáveis leis morais, que regulam necessariamente a existência. Deus é o grande objeto da nossa adoração, nunca do nosso terror.

— "Não há outros eleitos a não serem os que trabalham por si próprios a fim de se elevarem de acordo com as leis que os governam".

— "Não conhecemos nada da fé cega ou da credulidade.

Reconhecemos o valor de um Espírito acessível, leal, separado das angústias supersticiosas; este se aproxima de Deus e atrai a si a direção angélica. Mas rejeitamos altivamente a doutrina destruidora que afirma que a fé, a crença, o consentimento amoldado às opiniões dogmáticas tem o poder de apagar as transgressões; que uma vida terrestre viciosa, manchada, pode ser abolida e o Espírito elevar-se, purificado por uma cega aceitação de uma ideia, de uma imaginação, de uma crença irracional. Tal doutrina avilta maior número de almas, do que qualquer outra superstição que indicássemos.

Não ensinamos, além disso, que uma crença seja sumamente eficaz, com exclusão das outras; nenhuma forma de culto encerra o monopólio da Verdade; todas lhe possuem o gérmen; **todas estão sujeitas ao erro**.

* * *

Repudiamos, com desgosto, as pesquisas frívolas pelas quais as vossas teologias pretenderam resolver os mistérios da ciência transcendente e não nos inquietamos com as pueris discussões que os homens provocam; não nos ocupamos com o sectarismo, salvo com o que sabemos ser o mais perigoso agente provocador, semeando o rancor, o ódio, a maldade e a má vontade.

— "A Piedade é divina; a Misericórdia, humana. Não reconhecemos a piedade sensacional, que se absorve na contemplação e despreza o dever. Sabemos que isso não é glorificar a Deus. Pregamos a religião do trabalho, da prece e da adoração".

— "Nosso credo pode ser assim resumido:

— Honrai e amai vosso Pai. Deus – (Adoração) – Dever para com Deus.

— Ajudai o vosso irmão na estrada do progresso – (Amor fraternal) – Dever para com o próximo.

— Cuidai do vosso corpo e conservai-o – (cultura corporal) – Aumentai o vosso saber o quanto possível (Progresso mental).

— Procurai cada vez mais descobrir a verdade progressiva. (Crescimento espiritual).

— Procedei sempre corretamente e de acordo com vosso conhecimento. (Integridade).

— Cultivai a comunhão com o mundo espiritual pela prece e frequentes relações (Educação espiritual): – Dever para consigo mesmo.

Essas regras, no conjunto, indicam o que vos é importante. Não obedeçais a nenhum dogma de seita; não vos submetais cegamente a instruções que não se apoiem na Razão; não aceiteis, sem reserva, comunicações de aplicação particular feitas em uma época especial. Aprendereis, mais tarde, que a revelação nunca cessa e que é progressiva, sem horas nem limites; não pertence a nenhum povo, nem a pessoa alguma. Deus se revela gradualmente à humanidade".

— ..."Sem dúvida, as nossas palavras violam o que se vos ensinou a crer como necessário à salvação. Sem dúvida, o Espírito não preparado, julga-as novas e destruidoras. Não é assim. Em suas grandes linhas o credo espiritualista poderia ser aceito por todos aqueles que têm pensado um pouco nos assuntos teológicos, com o Espírito livre, encarando, sem receio, as consequências da pesquisa da verdade. Ele se recomenda àqueles cujo pensamento não está detido pelos antigos preconceitos".

"Se relerdes as imperfeitas narrações da vida de Jesus, nela não descobrireis que Ele tenha jamais reclamado, para si, nada que o aproxime da atitude que a igreja cristã lhe impôs à viva força. Ele estava muito mais de acordo com o que declaramos, do que com o modelo apresentado pela Igreja cognominada com seu nome".

Moses, o médium escrevente mecânico, protestou: — "Não posso admitir isso. E a expiação (a reconciliação de Deus com o homem pela morte do Deus-Cristo), que dizeis disso?"

— "Há verdade em certo sentido, não o negamos; combatemos somente essa grosseria humana que torna Deus desprezível, sob a forma de um cruel tirano, que só pode ser acalmado pela morte de seu Filho. Não somos detratores da obra de Jesus, quando condenamos as fábulas desonrosas que, agrupadas ao redor de seu nome, desfiguram a grandeza simples de sua vida, o fim moral de seu sacrifício. Teremos, mais tarde, outras coisas a dizer-vos sobre a formação gradual de um dogma, que chega a ser estabelecido de fide visto como rejeitá-lo ou negá-lo torna-se pecado mortal.

Se o homem fosse entregue às suas próprias conclusões, ter-se-ia por irremissível heresia, digna do fogo eterno, a negação desse fato: que o Deus Supremo delegou a um homem uma das suas inalteráveis prerrogativas. Um importante cisma da igreja cristã reivindica para seu chefe uma ciência infalível e persegue na vida, até a vergonha, e condena na morte até aos suplícios eternos, aqueles que não querem aceitar essa afirmação. Isso, entretanto, é um dogma recente que nasceu no meio de vós. Por consequência, tornou-se quase impossível à razão humana, quando não auxiliada, distinguir a verdade de Deus sob as glosas com que o homem a cobriu. Assim todos que tiveram a audácia de pôr a mão sobre esse acervo foram considerados malditos.

—... Enfim a Bíblia, quer no fundo, ou na forma, é a palavra de Deus e cada palavra ali, sendo divina, deve ser estudada e interpretada como tal, mesmo nessa versão traduzida em vossa linguagem por homens que, para aumentar a maravilha, supõem-se por sua vez, depositários da Verdade Divina e guiados por ela no trabalho de tradução.

É assim que doutrinas espantosas e conclusões levadas ao extremo podem apoiar-se sobre simples palavras, pois cada palavra, cada fraseado da revelação de Deus não está divinamente ao abrigo do erro humano? Os defensores da ortodoxia conseguiram, pois, estabelecer uma grande quantidade conforme a escolha que fizeram nos textos que lhes agradaram, não se importando com os outros. "Para eles a Bíblia é a expressão direta do Supremo".

— "Os Espíritos que se comunicam são forçados a empregar os materiais fornecidos pela inteligência do médium, a quem eles preparam, para que sirvam aos seus desígnios, apagando erros, inspirando novas exposições sobre a verdade. A pureza da comunicação de Espírito depende da passividade do médium e das condições nas quais a comunicação é dada. Acham-se em todas as partes da Bíblia os traços da individualidade do médium, erros causados por um confronto imperfeito e a impressão das suas opiniões, assim como as particularidades referentes às necessidades especiais do povo, ao qual a comunicação foi primeiramente dirigida".

— "A inspiração é divina, mas o médium é humano. Resulta daí que o homem pode achar na Bíblia o reflexo de seu próprio Espírito. O conhecimento de Deus é tão fraco, o que o homem pode d'Ele compreender é tão pouca coisa, que toda a pessoa que se apoia sobre as revelações passadas, sem querer nem poder desenvolvê-las, deve achar na Bíblia o reflexo de seu Espírito. Ela procura o seu ideal e acha-o nos dizeres daqueles que falaram para pessoas colocadas no mesmo nível mental. Se nenhum vidente a satisfaz, procura nos versos o que lhe agrada, rejeita o resto e, de peças e fragmentos, elabora a sua própria revelação.

E assim se formam as seitas, construindo o seu ideal, que provam por citações tiradas da Bíblia. Ninguém pode aceitar o conjunto porque o conjunto não é homogêneo. Quando aqueles que arrancam assim uma revelação se acham à frente de partidários de outras produzidas pelo mesmo gênero de trabalho, as batalhas de palavras se travam, as explicações (conforme as apelidais), os comentários de textos se acumulam. Tudo se obscurece; as palavras deformadas são interpretadas em sentido que nunca foi nem do Espírito que se comunica, nem do Profeta ou do Mestre, e assim a inspiração se torna o veículo das opiniões de seitas, a Bíblia, um arsenal no qual cada combatente encontra sua arma favorita, e a teologia, que é apenas uma noção de natureza privada, apoia-se sobre interpretações dilatárias".

—"Na fria atmosfera de vossa terra, glacial e refratária à vida espiritual, não sabeis quanto é mantida pela prece frequente a relação magnética entre o vosso espírito e os guias que esperam a petição para transmiti-la. Oraríeis mais ainda se soubésseis que rica bênção espiritual a prece traz".

—"Os homens que não querem ou não ousam refletir, refugiam-se com olhos fechados na fé, de conformidade com a rotina na qual se educaram, tornando-se fanáticos, carolas, irracionais. Seria difícil inventar um sistema mais eficaz para restringir a inteligência, do que o que consiste em provar ao homem que ele, em matéria religiosa, não deve pensar".

—"Qualquer religião de qualquer raça, em qualquer ponto do globo, que tenha a pretensão de possuir o monopólio da Verdade Divina, é uma ficção humana nascida da vaidade e do orgulho do homem".

— "A teologia foi o pretexto para apagar os mais santos desejos, semear o ódio entre os parentes e amigos, queimar e torturar os corpos dos melhores homens; para lançar ao ostracismo aqueles que o mundo deverá honrar com satisfação, para destruir os bons instintos humanos e apagar as mais naturais afeições. Sim, e é ainda a arena em que se ostentam as vis paixões humanas estigmatizando aqueles que ousam separar-se da regra estereotipada.

Aquém, onde a teologia reina, o lugar da Razão está vazio. Os homens sinceros devem corar cogitando disso, pois, em sua atmosfera sufocante, o livre pensamento expira e o homem é uma figura privada de raciocínio.

É assim que foi degradada a ciência que devia ensinar Deus à humanidade.

Já vos dissemos que o fim se aproxima.

Como nos dias precedentes à vinda do Filho do Homem, assim agora se anuncia a aurora vinda do alto. Os elos com que os padres acorrentaram as almas combatentes serão quebrados, em vez do fanatismo insensato e do ignorante farisaísmo, tereis uma religião racional, de mais amplas ideias concernentes a Deus; tereis noções mais exatas sobre vossos deveres e sobre o vosso destino; sabereis que aqueles que chamais mortos, estão vivos ao redor de vós; vivendo mais realmente do que na terra, ocupando-se de vós com amor que não diminui; animados em sua infatigável relação convosco, da mesma afeição que vos testemunhavam enquanto estavam ainda na Terra.

Disse-se que o Cristo havia posto às claras a vida e a imortalidade. É verdade no sentido mais lato e os homens começam apenas a perceber o resultado da revelação do Cristo, que é a abolição da morte, a demonstração da imortalidade. O homem nunca morre, não poderia morrer ainda que o quisesse.

A imortalidade do homem, admitida não como artigo de fé, mas como resultado de experiência pessoal, é a base da abóbada da religião futura".

— "Já vos dissemos que não podemos operar quando o estômago está repleto de alimento e hoje acrescentamos que o organismo não deve estar enfraquecido. É tão inconveniente debilitar as forças vitais, deixando de se nutrir, como o embrutecer-se pela gulodice e pela bebida".

— "Ensinar a higiene do corpo como a da alma faz parte da nossa missão. Declaramos a todos que o cuidado judicioso do corpo é essencial ao progresso da alma".

— "O homem que prefere o estacionamento ao progresso, viola uma das primeiras condições de seu ser. Não tem o direito de proibir tal ou qual credo aos seus semelhantes, nem obrigá-los a adotar o seu. Repetimos ainda que a ortodoxia severa às linhas inflexíveis sob as quais é mister nos curvarmos. sob pena de nos perder, são ficções humanas, cadeias fabricadas pelas paixões do homem para reter na terra as almas que querem elevar-se a Deus. Melhor será, repetimo-lo, que o homem se desvie sem outro apoio além de seu guia designado, que ore, pause e trabalhe por si mesmo, em vez de renunciar à liberdade ou de aceitar uma religião por um motivo qualquer. **É preciso lealdade e coragem para pesquisar a verdade**, sem o qual socorro a criatura não pode dominar, ao passo que com ele o progresso lhe é garantido".

Tendo Moses perguntado sobre a volta do Cristo, respondeu-lhe o Espírito:

– "Volta espiritual. Não Haverá volta física tal como o homem sonhou; será volta para seu povo pela voz de seus mensageiros falando àqueles que têm ouvidos abertos. Ele próprio disse: Aquele que tem ouvido para ouvir ouça; aquele que está preparado para receber receba".

Penso ter me excedido na relação dos tópicos, mas não quis poupar ao leitor essa série de ensinamentos tão claros e tão consoladores.

TÓPICOS

De Gibier:

"Deve-se notar que as coisas, denominadas milagrosas, são executadas em toda a parte por pessoas reputadas santas, qualquer que seja a religião a que pertençam. Somente, em cada religião, quase sempre, atribuem à intervenção do diabo os intitulados milagres produzidos por santos das religiões rivais, ao passo que os que trazem a boa marca são devidos à graça divina".

* * *

"Alguns cientistas e homens instruídos assistiram às minhas experiências e escreveram-me cartas que eu poderia publicar, por estar autorizado a fazê-la: mas para quê? Os que não confiam no testemunho dos sábios que, conscientemente arriscam sua reputação científica, publicando o resultado de suas pesquisas, ficariam mais convencidos?

Demais há uma multidão de homens poderosos interessados, por mais de um motivo, em que não sejam divulgados esses novos conhecimentos, citarei os materialistas-cientistas de um lado e os espiritualistas-religiosos, de outro. Isso não impedirá, seguramente, a verdade de aparecer, e posso dizer que ela se espalha cada vez mais rapidamente entre os investigadores".

"O homem, convencido e sinceramente afeiçoado ao que ele crê ser a expressão dessa verdade, não pode, ao contrário, senão desejar o bom resultado de semelhante empresa e considerá-la como um auxiliar das suas convicções. A Verdade nada tem a temer do Exame".

"...devo observar que não trato de fazer propaganda alguma de qualquer doutrina que seja: ocupo-me da questão sob o ponto de vista científico, nada mais. Vou mais longe: aconselho sempre as pessoas que quiserem, de boa fé, se convencerem da realidade dos fatos, a que fiquem prevenidas a respeito de uma multidão de médiuns que se fazem pagar mais ou menos caro ..."

* * *

"... Devemos tudo submeter ao julgamento de nossa Razão e nada aceitar sem Exame. Proibirão que se acredite e aconselharão que aprendam para saber.

* * *

"Não haverá nem ventura nem uma civilização verdadeira enquanto existir um mendigo ou um soldado entre vós".

* * *

"Os povos, no fim do Século XIX, tinham feito acumulações de energia homicida sob a forma de engenhos aperfeiçoados (ó barbária científica!) e uma faísca fará tudo explodir. Um medonho cataclismo de ferro, sangue e fogo ameaça a Europa e a insânia da carnificina propagar-se por sobre a superfície da terra, ao passo que a força, a inteligência e o ouro despendidos para espalhar a morte, semear a desgraça e as lágrimas, poderiam, seguramente, criar uma média de felicidade terrestre perfeitamente satisfatória, tanto no plano material como no plano moral. Por isso não chegou o dia da vitória da Justiça fraterna e nada parece anunciá-la, hoje que os povos vêm tudo cor de sangue; mas quando o furacão passar, quando os que sobreviverem abrirem os olhos, o mal produzirá o bem" – (Note-se que isto foi publicado em 1890).

* * *

"... grandes e simples verdades não devem ainda ter publicidade, em atenção a elas mesmas; não devem ficar expostas; às chacotas da multidão ignara e puerilmente presunçosa, cujos sarcasmos mataram Copérnico de pesar; da multidão que escarneceu de Franklin em seu começo e ridicularizou Galvani, apelidando-o **Mestre de dança das rãs y** muchos otros. Não falo dos gênios benfeitores aos quais torturaram e deixaram morrer de fome, contentando-se, mais tarde, após insano e longo exame, com erigir-lhes estátuas".

* * *

Agora, mais três tópicos.

De Brudye:

"Muitos de nós foram transviados pela educação; acreditamos naquilo que nos ensinaram; o sacerdote continua a obra da aia e é assim que o menino persiste no homem feito".

* * *

De Voltaire:

"Quando se faz uma experiência, o melhor partido é duvidar-se por muito tempo do que se viu e do que se fez".

* * *

De Pasteur (escrevendo a Gibier sobre pesquisas que este ia fazer sobre a febre-amarela, nas Antilhas):

"Desconfiai principalmente de uma cousa: da precipitação no desejo de concluir. Sede, de vós mesmos, um adversário vigilante e tenaz. Cuida sempre de surpreender-vos em falta".

QUANDO "ELES" DOMINAVAM

Eis um extrato da condenação de Galileu, em 1633, fotografado pelo conde Henrique de L'Epinois, fervoroso católico, nos arquivos do Vaticano:

"Foste denunciado em 1615 ao Santo Oficio:

Porque sustentavas como verdadeira uma doutrina falsa, que muitos propagavam, a saber: "que o sol é imóvel no centro do mundo e que a Terra tem um movimento diurno".

Porque ensinavas essa doutrina aos teus discípulos; porque entretinhas a esse respeito correspondência com matemáticos da Germânia; porque publicavas cartas sobre manchas solares, nas quais apresentavas como verdade essa doutrina; porque às objeções que te eram dirigidas respondias explicando a Santa Escritura segundo a tua ideia...

O tribunal quis pôr um paradeiro aos inconvenientes e aos danos que daí provinha e se agravavam em detrimento da fé.

Conforme a ordem do papa e dos cardiais, os teólogos encarregados dessa missão assim qualificaram as duas proposições:

"O sol está no centro do mundo e é imóvel". Proposição absurda, falsa em filosofia e herética em sua expressão, porque é contrária à Santa Escritura.

"A Terra não é o centro do mundo; não é imóvel e obedece a um movimento diurno". Proposição igualmente absurda, falsa em filosofia e considerada, do ponto de vista teológico, errônea na fé...

Declaramos que te tornaste profundamente suspeito de heresias:

Porque acreditaste e sustentaste uma doutrina falsa e contrária às santas e divinas Escrituras, a saber: "o sol é o centro do universo e não se move de modo algum do Oriente para o Ocidente; que a Terra se move e não é o centro do mundo".

Porque acreditaste poder sustentar, como possível, uma opinião que foi declarada contrária à Santa Escritura.

Em consequência declaramos que incorreste em todas as censuras e penas cominadas pelos sagrados cânones e outras constituições gerais e particulares contra aqueles que desobedecem aos estatutos e outros decretos promulgados.

Das quais censuras nos apraz absolver-te uma vez que, previamente, de ânimo sincero e fé verdadeira, abjures diante de nós, maldigas e detestes, segundo a fórmula que te apresentamos, os ditos erros e heresias e qualquer outro erro ou heresia contrária à igreja católica, apostólica, romana.

E, a fim de que teu erro pernicioso e grave e tua desobediência não fiquem impunes:

A fim de que, para o futuro, sejas mais cauteloso e sirvas de exemplo aos outros para que evitem esses delitos:

Declaramos que, por édito Público, o livro dos "Diálogos", de Galileu, é proibido.

Condenamos-te a prisão ordinária deste Santo Oficio por um tempo que será limitado a arbítrio nosso.

A título de penitência salutar, te ordenamos que recitasse, durante três anos, uma vez por semana, os sete salmos da Penitência.

Reservamo-nos o poder de moderar, alterar e relevar no todo ou em parte as penas e penitências acima.

As obras de Copérnico e Galileu permaneceram no *Índex* por 201 anos, mas ainda hoje, se os criteriosos vigários não queimam os Evangelhos, os senhores **missionários**, estrangeiros, especialmente alemães, fazem deles festivas fogueiras em todo o interior do Brasil!

FRAUDES E MISTIFICAÇÕES

Acho escusado lembrar aos espíritas que as sessões práticas não devem ser realizadas para satisfazer a curiosidade de alguns interessados que não querem, primeiramente, estudar a doutrina e que melhor efeito fazem na divulgação desta as de estudo, doutrinárias, tanto para os encarnados como especialmente para os desencarnados que sempre buscam os centros. Penso que numa sessão prática, quando há demora na incorporação de um sofredor, deve logo esta ser encerrada, não se dando, assim, margem para que mistificadores se aproveitem da ocasião.

Dada esta humilde opinião, tratarei, neste capítulo, de fraudes e mistificações dos homens sem escrúpulo, a que estão sujeitos todos os credos e todas as ciências. Citarei, a propósito, muitos trechos de obras que precisam de maior divulgação.

Fazer preces a pagamento é fraudar. De *O Evangelho segundo o Espiritismo*, de Kardec, cito a seguinte opinião de um dos Espíritos que dele se serviam para nos ensinar:

"Disse Jesus, em seguida, a seus discípulos, diante de todo o povo, que o escutava: – Precatai-vos dos escribas que se exibem a passear com longas túnicas, que gostam de ser saudados nas praças públicas e de ocupar os primeiros assentos nas sinagogas e os primeiros lugares nos festins;

– *que a pretexto de extensas preces, devoram as casas das viúvas.* Essas pessoas receberão condenação mais rigorosa. (Evangelho de Lucas, São Mateus e São Marcos)".

Disse também Jesus: "Não façais que vos paguem em vossas preces, não façais como os escribas que, a "pretexto de longas preces, **devoram as casas das viúvas**", isto é, abocanham as fortunas. A prece é ato de Caridade, é um arroubo do coração. Cobrar alguém a que dirija a Deus por outrem é transformar-se em intermediário assalariado. A prece, então, fica sendo uma fórmula, cujo comprimento se proporciona à soma que custe. Ora, uma de duas: Deus ou mede ou não mede as suas graças pelo número de palavras. Se estas forem necessárias em grande número, por que dizê-las poucas, ou quase nenhumas, por aquele que não pôde pagar? É falta de Caridade. Se uma só basta, é inútil dizê-las em excesso. Por que então cobrá-las? É prevaricação.

Deus não vende os benefícios que concede. Como, pois, um que não é, sequer, o distribuidor deles, que não lhe pode garantir a obtenção, cobraria um pedido que talvez nenhum resultado produza? Não é possível que Deus subordine um ato de clemência, de bondade ou de justiça, que da sua misericórdia se solicite, a uma soma em dinheiro. Do contrário, se a soma não fosse paga, ou fosse insuficiente, a justiça, a bondade e a clemência de Deus ficariam em suspenso. A Razão, o bom senso, a lógica, dizem ser impossível que Deus, a perfeição absoluta, delegue a criaturas imperfeitas o direito de estabelecer preço para a sua justiça. A Justiça de Deus é como o sol: existe para todos, tanto para o pobre como para o rico.

Pois que se considera imoral traficar com as graças de um soberano da terra, poder-se-á ter por lícito o comércio com as do Soberano do Universo?

Ainda outro inconveniente apresentam as preces pagas; é que aquele que as compra se julga, as mais das vezes, dispensado de orar ele próprio, porquanto se considera quite, desde que deu o seu dinheiro. Sabe-se que os Espíritos se sentem tocados pelo fervor de quem por eles se interessa. Qual pode ser o fervor daquele que comete a terceiro o encargo de por ele orar, mediante paga? Qual o fervor desse terceiro, quando delega o seu mandato a outro, este a outro e assim por diante? Não será isso reduzir a eficácia da prece ao valor de uma moeda em curso?"

Ainda do mesmo livro:

"Os médiuns atuais –, pois que também os apóstolos tinham mediunidade – igualmente receberam de Deus um dom gratuito: o de serem os interpretes dos Espíritos, para instrução dos homens, para lhes mostrar o caminho do bem e conduzi-las à fé, não para lhes vender palavras que não lhes pertencem, a eles médiuns, visto que não são fruto de **suas concepções, nem de suas pesquisas, nem de seus trabalhos pessoais**? Deus quer que a luz chegue a todos; não quer que o mais pobre fique dela privado e possa dizer: 'Não tenho fé, porque não a pude pagar; não tive o consolo de receber os encorajamentos e os testemunhos de afeição dos que pranteio, porque sou pobre'. Tal a razão por que a mediunidade não constitui privilégio e se encontra por toda a parte. Fazê-la paga seria, pois, desviá-la do seu providencial objetivo".

Ótimos serviços prestam ao Espiritismo e aos nossos próximos aqueles que, como Eduardo Leite de Araujo, que lá está em São Vicente, no fundo de uma cama, com seu coto de perna, úlcerado, suportando humildemente a dor e a extrema pobreza, e, de lá mesmo, procura orientar os homens na prevenção contra a fraude e a mistificação.

Em *A Centelha* de Janeiro de 1944 escreve Eduardo:

Fatos e Relatos – *"Desconfiai dos falsos profetas.*

É útil em todos os tempos esta recomendação, mas, sobretudo, nos momentos de transição em que, como no atual, se elabora uma transformação da humanidade, porque, então, uma multidão de ambiciosos e intrigantes se arvora em reformadores e messias. É contra esses impostores que se deve estar em guarda, correndo a todo o homem honesto o dever de desmascará-los".

(De *O Evangelho segundo o Espiritismo* – Pág. 300):

Temos profligado, por diversas vezes, o descalabro reinante por aí além com o rótulo de Espiritismo. Há fanáticos de braços dados com o personalismo; há explorações de toda a espécie...

Quando os casos são de moldes mais escandalosos e que têm a intervenção da polícia, a imprensa profana denomina-os de *baixo espiritismo*, como se o Espiritismo tivesse altos e baixos.

O que existe, entretanto, é falso Espiritismo; nada mais.

***

Tínhamos tido conhecimento de umas sessões que se realizavam, de quando em quando, na casa de um capitalista residente em Santos. Contava-se que ali se materializavam diversos Espíritos e, entre eles, daquele que na terra tivera o nome de Bezerra de Menezes, médico, muitíssimo humanitário, muitíssimo caridoso e que fora presidente da Federação Espírita Brasileira, do Rio de Janeiro.

As sessões processavam-se no porão do prédio, em plena obscuridade e sem controle algum. Os pretendidos médiuns vinham especialmente da Capital Paulista para o "trabalhinho". Eram dois ou três indivíduos que formavam o grupo de médiuns de materializações.

O pretenso fantasma do Dr. Bezerra de Menezes, para se identificar, esfregava a barba no rosto dos assistentes, com a afirmativa, em voz de falsete-carnavalesco, ser aquela venerável figura que todos os espíritas estudiosos respeitam e admiram.

Não obstante termos jamais assistido às famosas sessões, não acreditávamos na realidade de tais materializações. Aquilo deveria ter, a nosso ver, "dente de coelho"...

Eis se não quando nos chegam informações de terem sido desmascarados os espertalhões que se apresentavam na qualidade de possantes médiuns de materializações. O capitalista foi no embrulho, segundo dizem, *bancando o otário*, num conto de cerca de setenta contos de réis, ou seja, 70 mil cruzeiros!...

Temos, contudo, informações positivas e fidedignas, de que o médium verdadeiro, chamado João Cosmo, por intermédio do qual se tem dado fenômenos de materializações de Espíritos, inclusive a do padre Zabeu, **não tomou parte nas sessões** que se realizaram em Santos. O referido médium está atualmente em experiência, em São Paulo, num grupo exclusivamente constituído de médicos e sob um controle absoluto.

Os piratas, cuja tramoia foi descoberta, abriram as asas em linda plumagem, levando com eles o dinheiro do bisonho capitalista e os apetrechos com que materializavam o Dr. Bezerra de Menezes, o padre Zabeu e outros.

Um caso, enfim, de polícia, do qual, entretanto, não teve ela conhecimento.

* * *

Há outra modalidade de enganar o próximo.

Entre os que, atrevidamente, exploram a boa fé do público em nome do Espiritismo, existe, segundo parece, gente diplomada, se não vejamos:

Deparam-se, de quando em quando, na imprensa, anúncios assim redigidos: "**Médico espírita** – Rua tal (ou caixa postal), nº tal. Envie nome, idade e um envelope selado para a resposta. Será remetido o diagnóstico preciso e receituário".

Outros, tirando forçosamente nomes e endereços das listas telefônicas, distribuem, pelo correio, folhetos inculcando-se médiuns clarividentes, pedindo ao mesmo tempo para que lhes seja remetido um envelope selado para a resposta.

O plano dos espertalhões consiste no seguinte: o diagnóstico, presumível, é tirado segundo a idade. Em nosso país, principalmente, as anormalidades cardíacas se manifestam, em geral, de 40 anos de idade em diante. Assim, para as pessoas de 20 aos 40 anos, e de 1 a 10 anos de idade, os "cavalheiros de indústria" possuem inteligentemente catalogadas as moléstias de que, presumíveis, poderão ser portadores os indivíduos com as referidas idades.

Para todos os casos são indicados, no respectivo receituário, os "específicos" à venda tão somente em determinadas farmácias ou drogarias por eles determinadas.

Fazem acompanhar o diagnóstico e a receita, a nota do custo dos medicamentos, com a instrução para que a importância seja remetida em vale postal ou em cheque às casas indicadas, "isso para maior facilidade", segundo escrevem, aos consulentes.

Há poucos dias fizemos uma experiência. Pedimos duas consultas a uma *médica espírita*, da Rua Buenos Aires, da Capital Federal, uma para a nossa pessoa e outra para nossa esposa. Não se fez demorar a resposta. Como as idades eram apenas diferentes de dois anos de uma para outra pessoa, o diagnóstico recebido era idêntico e idênticas as receitas e num valor de 90 cruzeiros!

Tínhamos em mira, não obstante a nossa desconfiança, obter algo para uma fístula que subsiste no coto da perna esquerda amputada, a qual muito nos maltrata. Todavia, a médica espírita, clarividente, nada viu e nem se apercebeu de que éramos coxo.

Mandamos tirar outra consulta, indicando, porém, um nome suposto, ou seja, de um Espírito – Roque Salerno –, que vem se comunicando em um dos centros desta cidade. Apresentamo-lo com a idade de 35 anos e, ademais, solteiro.

Lá veio o infalível diagnóstico complicadíssimo, justamente para que ninguém possa entendê-lo. A receita e o preço da mesma – 86 cruzeiros – são claras, contudo, para que não haja engano.

Roque Salerno, se ainda pertencesse ao nosso mundo, forçosamente, teria tido um ataque de apoplexia ao deparar com tal diagnóstico e com o preço do receituário.

Terrível essa gente para se locupletar à custa da boa fé do próximo.

Não há dúvida, é mais um caso de polícia.

São Vicente – Dezembro – 1943.

* * *

N. B. – *Pediríamos a todos os jornais espíritas ou mesma não espíritas para comentarem o caso dos tais médiuns videntes ou "invisíveis", ou ainda, dos "médicos-espíritas" que se fazem anunciar para poderem impingir panaceias. – Eduardo Leite de Araujo*".

* * *

Almerindo Martins de Castro tem todo um livro leve e cheio de verdades, intitulado *Reis, Príncipes e*

Imperadores, com um capítulo sobre fraudes e do qual vou citar algumas páginas:

"A falsa mediunidade, vigorosamente proibida no Velho Testamento, era praticada em larga escala, inclusive pelos sacerdotes e chegou a constituir, a exemplo de nossos dias, rendosa indústria exercida por pessoas sem escrúpulo, sem consciência do mal que estavam fazendo a si próprias.

Sem falar no sistema de adivinhação por meio das entranhas de animais sacrificados, que era o mais explorado pelos magnatas religiosos, havia cerca de cinquenta outros modos de indagar do futuro, desde a Alecteromancia (que consistia em colocar grãos de milho sobre as letras do alfabeto e fazê-los comer por um galo, formando assim as palavras das respostas) até a Xilomancia (exercida com o auxílio de pedaços de pau cortados e dispostos de modo especial).

E o mais importante, na história da falsa mediunidade, ou seja, dos fenômenos atribuídos à força de Deus, é que as fraudes mais cruas, mais condenáveis foram praticadas exatamente pelos membros das seitas religiosas, por aqueles a quem incumbia zelar pela verdade dos ensinamentos e corrigir os excessos de crendice e de ambição especuladora.

Talvez que esse conhecimento e uso de fraudes seja origem da verdadeira ou suposta incredulidade com que as sub-seitas do cristianismo fulminam o Espiritismo, pois, já o vulgo o diz: "Gato ruivo do que usa, disso cuida".

A História está repleta dos mais edificantes casos em que aparecem, fantasiados de "anjos do céu", vários espertalhões que exploravam a fraqueza ou ignorância dos próprios colegas de profissão "divina".

— Um dos mais citados é o do cardeal Cajetano que, desejando forçar a renúncia do papa Celestino V, fez colocar no forro do aposento deste um porta voz, e falou, como se fora um "anjo", dizendo: "Celestino, Celestino, Celestino! Depõe esse fardo, pesado demais para os teus ombros!"

Celestino, que era um ermitão simplório, creu que Deus lhe falara e renunciou a tiara. Escusado é lembrar que o cardeal, autor deste truque, galgou a Santa Sé. Foi Bonifácio VIII. (Carl Von Koseritz, *Roma perante o século*, ed. 1871, pág. 228).

Outro caso, muito divulgado entre os protestantes, ocorreu no tempo da Reforma, na Suíça.

Entre os conventos de Berne distinguia-se o dos Dominicanos, Ordem que estava em luta acesa com a dos Franciscanos, porque estes sustentavam o futuro dogma da Conceição Imaculada da Virgem, negado furiosamente pelos dominicanos.

Em 1507, apresentou-se ali um rapaz, João Jetzer, portador de 53 florins e algumas peças de seda. Admitido a 7 de janeiro, na primeira noite ouviu ruídos que o encheram de terror, fazendo-o fugir para o convento dos Cartuxos, onde o reenviaram aos dominicanos. Na seguinte, profundos suspiros o acordaram, e viu um fantasma branco, que lhe disse em voz sepulcral: "Eu sou uma alma que escapou do fogo do Purgatório".

— Deus te salve – respondeu o irmão leigo, tremendo – eu nada posso fazer.

— Então (narra o revdo. Merle d'Aubigne, *História da Reforma*, ed. Porto de NovaYork, pág. 348-50, vol. II) o Espírito avançou para o pobre irmão, e, agarrando-o pela goela, exprobrou-lhe com indignação sua recusa. Jetzer, aterrado, exclamou: – Que posso fazer, pois, para te salvar?

— Flagela-te durante 8 dias até fazeres sangue, e fica prostrado com a face no chão, na capela de São João – respondeu o Espírito, desaparecendo em seguida. O irmão leigo, confiou este incidente ao seu confessor, e, por seu conselho, submeteu-se à prova pedida.

Logo se espalhou por toda a cidade que uma alma se tinha dirigido aos dominicanos para livrar-se do Purgatório. Foi uma enchente na igreja, onde cada um ia contemplar o santo homem deitado com o rosto no chão.

A "alma do Purgatório" tinha anunciado que voltaria dentro de 8 dias, e o cumpriu, na noite fixada, fazendo-se acompanhar de dois Espíritos que a atormentavam e lhe arrancavam horríveis gemidos.

— Scot, dizia ela, o inventor da doutrina dos franciscanos sobre a Conceição Imaculada da Virgem, está entre os que sofrem comigo tão cruéis dores.

Com esta notícia, logo espalhada, os partidários dos franciscanos ficaram ainda mais espantados; mas a tal alma havia anunciado a visita da Virgem em pessoa, e, com efeito, na data prefixada, o irmão a viu surgir na sua cela.

"Maria" aproximou-se, entregou-lhe três lágrimas de Jesus, três gotas do seu sangue, um crucifixo e uma carta dirigida ao papa Júlio II, que disse "ela", era o homem escolhido por Deus para abolir a festa da Imaculada Conceição. Depois, chegando-se mais para o leito onde estava deitado o irmão leigo, anunciou que uma grande graça lhe ia ser feita, e furou-lhe a mão com um prego. O irmão gritou com a dor da espetadela, mas a "Virgem" envolveu-lhe a mão com um pano trazido por ela na ocasião da fuga para o Egito.

Mas a ferida não bastava. A fim de que a glória dos dominicanos igualasse a dos franciscanos era mister que João Jetzer tivesse as cinco chagas do Cristo. Fizeram-nas, dando-lhe a seguir uma beberagem (decerto para atordoá-lo). Após, colocaram-no numa cela alcatifada, cheia de quadros representando a Paixão, e abriram-na à visitação dos devotos. A multidão, ávida de "milagres", enchia o convento; gente de critério e saber ia lá; do púlpito, os frades pregavam o prodígio, ufanos.

Mas... o prior, o sub-prior, o pregador e o provedor do convento, que eram os autores do "milagre", não se mantiveram à altura até o final.

Em uma nova aparição, o irmão leigo conheceu que a voz de "Maria" era a do seu confessor, e o disse alto, o que fez com que a "Virgem" desaparecesse às pressas.

Na aparição seguinte, já prevenido, o João Jetzer não teve mais dúvidas, e conhecendo o farsante gritou: – Desta vez, é o prior! – e avançou, empunhando uma faca. Diante disso, a Virgem não teve "calma": arrumou um prato de folha à cabeça do incrédulo e fugiu em disparada.

Imagine-se o escândalo e a revanche tomada pelos franciscanos, que pleitearam o caso em Roma, com o prestígio de que dispunham.

Não houve forma de abafar a audaciosa fraude, e os quatro frades foram condenados à morte e queimados vivos, a 1º de maio de 1509, ante mais de 30.000 espectadores.

Fechando esta narrativa, diz o revdo. Merle D'Aubigné: "Este negócio retiniu em toda a Europa, e revelando uma das maiores chagas da Igreja, preparou a Reforma".

* * *

Não têm, em absoluto, culpa as doutrinas; nem devemos confundir com elas os homens: velha balda da humanidade...

Prossegue Almerindo:

"Havia em Alby, na França, um mendigo que se arrastava em duas muletas, munido de papéis de identidade e autorização policial para recorrer à caridade pública. Tendo captado a benevolência de um páraco e esmolado nas igrejas, bem depressa compreendeu o partido que podia tirar de um "milagre", e resolveu tirá-lo com o seu protetor.

— Sr. cura, disse ele ao padre, já sonhei por duas vezes que, se fosse a Lourdes, N. S. teria compaixão de mim. O vigário de S. Cecília está organizando uma romaria e eu não tenho quem interceda por mim, para ser contemplado no número dos peregrinos. Quer o meu bom cura recomendar-me ao vigário da Catedral?

O pároco o recomendou e o burlão foi à milagrosa fonte. Cansado, moído pela viagem, não pôde servir-se das muletas, de modo que foi levado em liteira; mas tão gelada estava a água da piscina, que, quando o mergulharam, sofreu um grande choque na epiderme, deu violento repelão nos dois serventes e pulou para fora, gritando para disfarçar:

— Santa mãe de Deus, estou curado!

Foi um sucesso. Milagre! Milagre! – exclamaram comovidos os crentes sinceros.

Choveram as esmolas, deslumbrando o paralítico. No sermão desse dia, o pregador exultava: – "Venham os incrédulos contestar a verdade deste milagre"! – e mostrava as muletas. Houve Te-déum, procissão, entrega das muletas a. N. Sra. de Lourdes. Apenas o final destoou de tudo.

O ex-paralítico, pelo entusiasmo dos fiéis, recebera esmolas no valor de muitos milhares de francos, e passou a viver boa vida. E, à proporção que foram escasseando os recursos, foi lançando mão de outros, dos quais ninguém se apropria sem que a Polícia intervenha. E, tendo caído nas garras da Justiça, ficou provado que nunca fora paralítico e que os documentos que usava não lhe pertenciam, e sim a um paralítico autêntico que vivera em 1875, em Chermont.

O burlão foi julgado e condenado, na cidade de Pau, tendo a narrativa do "milagre" feita pelo promotor público – influído no ânimo dos jurados.

(Pedro Osório, *Mentiras religiosas*, ed. Rio de Janeiro, vol. II, pág. 446-51).

* * *

"Nas Memórias do Conde Pedra Kropotkine, o famoso cientista e escritor moscovita que o anarquismo desviou de sua brilhante carreira, vem narrado um desses casos. Se houvesse sido, em tempo, divulgado como sendo um fenômeno espírita, teria mais tarde servido também para chufas e anátemas contra a verdade do Espiritismo.

O velho príncipe Kropotkine era meio avarento e, dentro do horrível regime de servidão, seu contemporâneo, um verdadeiro verdugo, mau quanto se pode ser para os que não têm recurso de Justiça.

Quem haja lido sobre o regime russo sabe dos horrores sofridos por aquele povo.

Eis a narrativa do Conde Kropotkine:

— "Sabes que tua mãe me apareceu depois de morta? – disse-me um dia meu pai. Vocês, rapazes, não acreditam nestas coisas; mas, contudo, é assim: Eu estava uma noite, já tarde, assentado à minha mesa de trabalho. O sono começava a vir, quando a vi entrar, de repente, toda de branco, muito pálida e com os olhos luzindo muito. Antes de morrer, fizera-me prometer que eu daria liberdade à sua criada Macha; mas, depois, vieram preocupações e negócios, e passou-se um ano, sem que eu me lembrasse da promessa feita. Ela apareceu-me, como contei, e disse-me em voz baixa: "Alexís, tu prometeste-me dar a liberdade a Macha: Esqueceste-te da promessa?" Eu estava aterrado, saltei da cadeira, porém a visão desapareceu. Chamei os criados, mas ninguém tinha visto coisa alguma. No dia seguinte, fui visitar a sua sepultura, mandei cantar uma ladainha e dei imediatamente a liberdade a Macha".

"Quando meu pai morreu, Macha veio ao enterro e eu lhe falei. Tinha casado e vivia feliz no meio dos seus. Meu irmão Alexandre lhe contou o que meu pai nos tinha revelado, perguntando-lhe se ela sabia disso, e acrescentando:

— "Essas cousas já passaram a tanto tempo, que eu posso dizer a verdade. Eu via que nosso pai tinha esquecido a promessa que fizera. Então, vesti-me de branco e imitei a voz de nossa mãe. Lembrei-lhe a promessa feita. Não me querem mal por isso, não?"

É claro que não.

Esta é formidável...

"No botequim "Ao galo de ouro", numa esquina da Rua Senador Pompeu, reuniam-se alguns funcionários da Contadoria da Estrada de Ferro Central do Brasil.

Entre eles havia o hoje médico Dr. Caleb Bonfim e um Sr. Rezende Faria. O Dr. Bonfim era alto, esguio, nariz aquilino, olhos fundos e autoritários, tipo de faquir; Rezende anafado, ventre de pipa, cara de burguês ricaço, tendo ao nariz grandes óculos de grossos vidros azuis.

Mal iniciavam o lanche, o médico simulava uma cena de magia e, falando com o tom imperioso de hipnotizador, dizia ao outro: dorme!

Rezende de Faria, que se assentava, sempre e já de propósito de costas para a rua, fingia perturbação, para, afinal, arremedar o transe mediúnico-sonambúlico, olhos quase fechados, mas não tanto que impedisse observar tudo quanto se espelhasse nos dois vidros dos óculos.

E aí começava uma lastimável comédia, à conta do Espiritismo.

— Estás desprendido da matéria? – perguntava o doutor. E o outro, em voz sumida, respondia:

— Estou meu irmão; que queres de mim?

— Desejo que, para convencer estes incrédulos, digas em tom alto e claro as palavras escritas na parede, por detrás de ti.

— Está escrito: "Cap. Polônio partirá a 7 do corrente para Hamburgo, com escalas por Vigo e Leixões.

Os da pândega fingiam espanto, para atrair a atenção do dono do botequim, um ilhéu simplório, e, conseguido esse resultado, prosseguia a farçada.

— Bem – continuava o Dr. Bonfim –, aproveitando o teu estado fluídico, dize quanto se está passando na rua, por detrás da tua cadeira.

O Rezende de Faria, vendo tudo pelo reflexo nos óculos, simulava hesitar, para obter maior êxito, e depois, conforme o trânsito, balbuciava:

— Vejo pessoas e cousas, confusamente.

O outro trocista, o que é hoje médico, firmava os punhos e, olhando-o com olhares de engole-gente, intimava:

— Irmão, vamos! Eu te ordeno que vejas!

— Está passando um menino, com trouxa de roupa na cabeça.

— Só?

— Não, há também um carregador, um preto a puxar um burro e uma senhora, levando uma criança pela mão.

O sucesso era enorme. Ninguém duvidava do poder dos "Espíritos", e o dono da casa, boquiaberto, dizia:

— Estas causas, só vendo é que se creem!

Mas, os rapazes, que haviam feito em segredo um inquérito sobre a vida do inexperto ilhéu, levavam adiante o brilhareco.

— Como se chama o dono deste café?

— Manoel Figueroa, natural da ilha dos Açores; esta no Brasil há vinte anos. Depois, era o próprio dono do botequim quem convidava os patrícios para testemunharem as maravilhas "espirituosas", apontando os dois protagonistas com estas palavras: – Aquele magro é o mágico; o outro é o *médico* (em vez de *médium*).

Mas, sempre com o intuito de troças, outro Sr. Costa disse, muito em reserva, ao botequineiro, que a força do mágico era forte a ponto de poder, se quisesse, fazer voar pelos ares a casa, a caixa do dinheiro e a todos quantos ali estivessem.

E tal pavor infundiu no pobre homem, que colheu efeito além do que talvez esperasse, pois o ilhéu resolveu acabar com o perigo de voar, pelo menos a caixa do dinheiro. Assim, no dia seguinte ao da revelação do Costa, quando a turma surgiu para a pagodeira, e a ela deu início, o Manoel Figueroa disse: – Vou acabar com estas sessões "espíritas", surgiu ajudado por quatro robustos afro-ascendentes, de porretes à mão, e houve bordoeira valente e fugas elétricas.

Daí em diante, quando lhe falavam no assunto, dizia o ilhéu:

— Espiritismo comigo é no porrete.

Este pouco elogiável caso de desrespeito à nobre doutrina dos Espíritos foi narrado, em 4 de fevereiro de 1929, por um dos colaboradores de austero jornal, órgão do funcionalismo público, "A Defesa", sem um remate de deferência. Dizia o final da jocosa narrativa: "Foi uma pagodeira que deu assunto para vários dias. Saudosos tempos da mocidade!"

DESCULPEM, MAS....

Os laboratórios de produtos farmacêuticos constroem arranha-céus em todo o mundo; os farmacêuticos já não precisam conhecer química; as farmácias se transformaram em armazéns de remédios com listas de preços e já acondicionados – um menino que mal saiba ler pode substituir o boticário.

Salvo raras exceções, as farmácias já não contam com aqueles competentes químicos e, hoje, ao ser manipulada uma receita, a precipitação é certa.

A exploração da dor alheia atinge ao auge. A falsificação não tem conta. E quando o médico, confiante, receita uma injeção e esta não produz o efeito desejado, é que a base específica do medicamento foi diminuída ou alterada pelos químicos dos laboratórios. São ampolas de água com um tiquinho do específico.

Não se magoem os senhores laboratoristas e voltem um pouco suas vistas lá para bem dentro de si mesmos, residência daquele impiedoso juiz que se chama Consciência. Há, de fato, ampolas caríssimas e dificilmente encontráveis e que custam, às vezes, centenas de cruzeiros cada uma, mas de uma dessas ampolas fazem vinte vidros de certo fortificante e duzentos de certas pílulas. São específicas que vêm da Índia ou da África. Se perguntarmos ao droguista se os conhecem, dizem que não, mas se nos propomos a fornecê-los, então o caso é outro...

Deus nos dá em abundância o café e queimam-no; dá-nos em abundância o açúcar e transforma-o em álcool; dá-nos em superabundância plantas medicinais e os humildes que as vão colher recebem, como esmola, o irrisório preço de três ou quatro cruzeiros, por um saco, como tenho visto, além de pagarem o seu transporte.

Não quero dizer que não hajam laboratórios de absoluta confiança em que trabalham probos químicos. Mas o que é fato é que a porcentagem de mistificadores é enorme.

Se entre eles os há, imagine-se entre os que não querem dar de graça os dons que de graça receberam e vivem também a explorar o sofrimento do próximo, prometendo curas que não podem realizar. Estes pagarão em dobro.

NOTÍCIAS FRESCAS... DO OUTRO MUNDO

Como o escritor Denis Badley descreve o Além depois de haver desencarnado.

Em sua edição o *The Sunday Express* publicou uma notável comunicação espírita, que há de despertar vivo interesse.

Londres é, sabem-no todos, a capital do espiritualismo contemporâneo. Aqui o estudam e o professam sob mais rigoroso critério científico. São famosas as suas pesquisas e não menos célebres os seus resultados. Há milhares de centros e numerosas instituições que se consagram a esse intercâmbio com o desconhecido.

O fato mais recente e que é realmente sensacional deu-no-lo aquela edição dominical do *Daily Express*, o jornal de maior divulgação que existe no mundo.

Ei-lo aqui:

H. Denis Bradley, escritor espiritualista, prometera à sua família e a alguns amigos que, depois de sua morte, comunicar-se-ia com eles do outro mundo. Seis semanas após, morria inesperadamente, em consequência de uma intoxicação alimentar.

Realizou-se uma sessão no dia 9 nesta cidade, com a presença do filho mais moço do autor falecido, Mr. Patrick Bradley, e de um repórter daquele diário londrino. Serviu de médium Mrs. Kathleen Berkel.

Fiel à sua promessa. Denis Bradley comunicou as suas impressões de além-túmulo, mediante as perguntas que lhe foram dirigidas, e as suas respostas, dadas sem a menor hesitação.

Depois da sessão, Mr. Patrick Bradley asseverou "que não tinha a menor dúvida de que a mensagem foi recebida diretamente de seu pai".

* * *

É este o diálogo que se estabeleceu, provocado pelas perguntas sagazes e pelas respostas não menos curiosas e lúcidas, em sua maior parte:

— *Dentro de que tempo, depois de seu falecimento, pode V., Mr. Bradley, encontrar-se onde se acha agora?*

— Tive um rápido golpe de vista. Estive aqui enquanto agonizava. Devem lembrar-se de que exclamei: "Isto é maravilhoso". E depois caí na atonia. Havia eu recebido, naquele fugaz instante, uma ligeira impressão do mundo maravilhoso, em que ora me encontro.

— *Com que se parece o outro mundo? Há palavras adequadas para descrevê-lo?*

— Não é fácil descrever um mundo tal como ele é, com palavras que os Espíritos de vocês podem unicamente imaginar em seu próprio mundo. Há dimensões e sensações, que não tem paralelo ou equivalência na vida terrena. O tempo, por exemplo, simplesmente não existe. O espaço parece ilimitável.

— *Apesar disso, eu me contentarei com termos restritos e acredito que V. o fará do melhor modo possível. Há, por exemplo, dia e noite?*

— Não, não no sentido em que vocês os conhecem. Parece-me perpetuamente dia, ou luz. Mas há regiões escuras para quem as pode viajar volitivamente.

— *Viajar? Como pode V. viajar? E como pôde V. tão rapidamente viajar?*

— Viaja-se pelo pensamento. Basta desejar-se estar em qualquer parte, para lá estar. Mais uma vez lhes digo que o tempo não importa. Um Espírito desejando voltar a esse mundo pode facilmente estar na Índia num minuto e em Londres em outro. O Espírito – lembre-se – não está sujeito ou detido por qualquer obstáculo, como seja um corpo físico. Químico.

— *Podem os Espíritos aparecerem passeando e, assim, darem de si uma impressão de que estão flutuando no ar? Pode V. descrever seus movimentos?*

— Não podem ter movimento físico porque eles não têm corpo físico. A grande diferença entre um ser humano e um Espírito é esta: um ser humano consiste num Espírito que está ligado a um corpo do qual depende. Tenho uma forma, que pode ser comparável a um corpo, mas não dependo dela. Ela obedece à minha vontade por meio completamente "im-físico". Se vocês na Terra desejarem atravessar o oceano, o seu Espírito, que, enquanto vocês vivem, está encaixado em seu corpo, terá de acompanhá-los. Em outras palavras a sua viagem, que não é puramente física, primordialmente se torna um processo físico. Mas o Espírito, isolado, não carece disso. Desejá-lo, isto é, pretender atravessar o oceano, basta para cruzá-lo.

— *Isso faz inveja! Que primeiro fez V. quando chegou ao seu novo mundo?*

— Eu esperei. Quando alguém nasce na Terra é gradualmente adaptado a ela e lentamente lhe penetra os segredos. Nesse caso, encontra-se por si mesmo, plenamente consciente, numa atmosfera completamente distinta da Terra em muitos aspectos e infinitamente mais vasta.

— *Que fez V. então?*

— Fui descoberto por amigos meus e falei com eles. A primeira pessoa que vi foi a minha irmã Ana, que me prestou grande auxílio.

— *Mas há de haver bilhões de Espíritos em seu novo mundo, Mr. Bradley, inclusive milhões de pessoas de cada país da terra, que morreram através dos séculos – como pôde você encontrar determinada pessoa, que você conheceu, ou deseja ver?*

— Os Espíritos que se conheceram um ao outro na Terra são imediatamente induzidos a um pensamento mútuo. Isso é uma fascinante capacidade e não é fácil descrever.

Vi desde logo minha mãe, sir Artur (Conan Doyle) e até Confúcio, o antigo filósofo, que parecia levar um hábito de cor marrom, um tanto semelhante ao de um monge.

— *Mas como os Espíritos podem conversar? Isso não é uma função física?*

— Há dois sistemas de transferência pensamental. Quando dois pensamentos estão em harmonia, pensam em interfluência, com perfeita liberdade e clareza. Isso é uma sorte de telepatia coerente e fácil. Por causa disso, Espíritos que falavam idiomas diferentes, enquanto estavam na Terra, podem "conversar" um com outro, com a maior facilidade.

— *Então, o Espírito de algum antigo mandarim chinês, que existiu há séculos, poderia manter uma conversa, desse modo, com um francês, que morreu recentemente apenas?*

— Sim, se o desejasse.

— *Há alguma espécie de atmosfera onde você está?*

— Definidamente. Difere grandemente da terrestre. A melhor descrição eu a posso dar dizendo que é como uma atmosfera vivificante, diáfana e rarefeita, como na Suíça. Há abundância de luz, como esplendor solar, e nenhuma opacidade. Há terra, e água, e árvores, e vegetação, e oceanos aqui como justamente na Terra, conquanto mil vezes mais maravilhosos. Os pássaros, por exemplo, têm a mais brilhante plumagem, como jamais hei visto na Terra. As flores são as mais extraordinárias de todas. São tão infinitas como as terrenas, em sua pletora de tipos, feitios, tonalidades e coloridos, mas à parte disso, são intensa e estranhamente perfumadas, tendo uma característica inconfundível. Parece transudar som, como aroma. É um som suave, agradável, e difere em cada flor, assim que se pode dizer que elas têm de per si um som que ao revelar é possível saber-se com antecedência quais sejam, só com o lhes ouvir antes o som peculiar que possui cada uma.

— *Os Espíritos vivem em casa?*

— Sim. Mas em forma e substância, não se parecem com as que sempre tinham visto. Não me encontro aqui de há muito e nunca descanso no meu afan de descobertas.

— *Pode você descrever algumas de suas sensações?*

— Temos uma noção de completa e absoluta liberdade. Não ficamos nunca fatigados, nem necessitamos de repouso, e parecemos repletos de energia.

— *Os Espíritos vivem através da eternidade e, sendo assim, como o encaram? Como empregam o seu tempo? Como lhes sabe a certeza de viver por milhões de anos?*

— Estou deliciado com essa certeza, porquanto há milhões de coisas mais para eu aprender nesta "aura" do que na Terra. E ocupa-se todo o tempo. O tempo, como já disse, não tem importância.

Os Espíritos envelhecem? Suponhamos: uma criança morre ao nascer; pode o seu Espírito, entrar no mundo próprio e o que lhe acontece?

— Tanto quanto me é dado ver, os Espíritos de parentes e de amigos têm conhecimento de alguma morte na Terra que os afete e estão prontos para encontrar o Espírito criança, que se desenvolve até a sua forma ter a aparência de contar, mais ou menos, 30 anos de idade (?)

— *Que acontece a alguns que encontram com um morto por acidente e que ficou horrivelmente mutilado?*

— Em tal caso, o Espírito-forma não tem relação com um corpo, que uma vez o aprisionou. O corpo é um mero invólucro e não importa o que lhe aconteça.

— Você é capaz de descobrir se os suicidas se unem no seu mundo espiritual? E você pensa que eles estão satisfeitos por terem eliminado a sua própria vida?

— O suicídio é um crime. Vocês poderiam ser úteis aos candidatos ao suicídio, se lhes assegurassem que o suicídio não oferece libertação alguma. Há uma escura aura em torno da Terra, no qual o Espírito do suicida é forçado a permanecer até quando tenha completado o tempo de vida que teria na Terra. E só depois disso é que ingressa no mundo dos Espíritos.

— *Há alguma coisa onde você está comparável às nossas formas de governo?*

— Sim. Temos agentes governamentais que dirigem a organização de certas auras. Há subordinação à lei e à ordem por causa da abstenção da vida física. Não há a luta pela existência, por exemplo. Não há dor, nem desdita. E há *halls* de estudo, nos quais se pode aprender os segredos de todas as eras.

— *Halls* de estudo? Como são?

— São vastos *halls*, em que se ministra todo o conhecimento que existe. Todas as invenções, que determinam tanto entusiasmo e admiração na Terra, foram aqui sempre conhecidas, fosse qual fosse o tempo. É por meio de bons ofícios de alguns Espíritos que um ser humano se torna capaz de eventualmente apropriar-se de alguns fragmentos do conhecimento, para beneficiar a humanidade. Há, incidentemente, aqui, até laboratórios onde Espíritos experimentam resolver a cura de certas doenças malignas da Terra. Conversarei outra vez a esse respeito. Ainda não disponho de tempo para tratar disso.

— *Os Espíritos aprovam os esforços dos seres humanos de se comunicarem com eles? E eles fazem alguma coisa para lhes dar assistência?*

— Sim, naturalmente. Eles aprovam. O homem por si mesmo, por seu próprio ceticismo, fecha as portas do conhecimento sobre si mesmo, e somente a sua própria fé pode abri-las de novo; um dia, as comunicações entre os seres humanos e os Espíritos serão feitas tão facilmente como as que se transmitem pelo sem fio.

— *Se você visse seu filho Patrick em grande e imediato perigo, teria meios de preveni-lo? E fa-lo-ia?*

Ter-se-ia pré-ciência disso e poder-se-ia adverti-lo por um processo de levitação psíquica, que poderia fazer com que Pat se acautelasse. Mas, se eu considerasse que o perigo, ou experiência, seria uma retribuição necessária, ou ensinamento para o meu filho, eu estaria na obrigação de não me mover.

— *Tem você acompanhado os acontecimentos do nosso mundo, depois que morreu?*

— Não, em grande parte. Tenho estado muito atarefado aqui. E muitas vezes tenho estado na minha casa, em Dorrincourt, como minha família bem o sabe. Participei também do meu próprio funeral em parte, mas estava ansioso por ficar perto da minha esposa.

— *Há alguma espécie de música onde você está? De onde lhe parece provir?*

— Tenho-a escutado. Uns sons longínquos, como a música de certos órgãos. Mas fui incapaz de descobrir alguma semelhança com qualquer instrumento. Tentarei saber mais alguma coisa a respeito e os farei cientes na próxima vez.

(Até esse ponto o Espírito exprimiu o desejo de tratar de assuntos particulares com o seu filho. E seguiu-se uma palestra íntima, falando ambos de muitas coisas domésticas. Depois, um adeus afetuoso e a sessão terminou).

* * *

É como os leitores acabam de ver, uma verdadeira revelação do Astral, sendo de notar não só a argúcia das perguntas, como também a precisão e vulto de muitas das respostas, estabelecendo-se um diálogo, que não deixa de ter sabor metapsíquico e algo que nos dá um *frisson* do grande mistério, cujo véu já se vai rompendo.

Nos shops londrinos qualquer pessoa pode adquirir aparelhos para receber a mensagem dos Espíritos, por meio de disposição de letras do alfabeto, e consta-me que já existe também outro, mais engenhoso, pelo qual se consegue uma ligação direta entre um ser humano e um Espírito. Não tardará o seu aperfeiçoamento, de modo que, em breve, poder-se-á ouvir uma sinfonia de Beethoven, ou um noturno de Chopin, transmitidos do Além pelos autores, assim como um poema extraterreno do divino Shelley, como agora ouço, em casa, pelo rádio, um concerto de Budapest ou um jazz de Nova York.

Falar com os Espíritos será, então, uma delícia comum dos que se acham neste planeta, com a vantagem ainda de acabar com o terror pânico das almas do outro mundo e ser o desencarne tomado por um simples turismo obrigatório...

Quanto a mim, sinceramente, creio no que disse Denis Bradley, porque estou convencido de que a morte não passa de uma transfiguração, em que cessa o movimento da matéria e voa o Espírito sol, integrando-se, sem entrave, no ritmo do Universo.

Saul de Navarro — Londres, janeiro de 1935.

(Do *Correio da Manhã*).

A LEI DO PROGRESSO

O mundo, como sói acontecer a tudo no Universo, sujeito à Lei do Progresso, tem que evoluir pela força das circunstâncias, estabelecendo relações, não só com a Esfera Espiritual que o envolve, mas até com outras esferas que mais se aproximam dele.

O estado de relações entre os países de continentes diferentes não se fez subitamente, e à proporção que a humanidade progrediu em conhecimentos, novos descobrimentos apareceram gradativa e paulatinamente até que as uniões relacionais chegaram ao ponto em que vos achais hoje. E muito mais do que isto havereis de ver, e depois do progresso realizado achareis tudo muito natural, o que não acontecia anteriormente devido à ignorância, à falta de previsão e aos erros "científicos e religiosos" que obcecavam as almas.

O céu do desencarne vai se rasgando aos poucos aos vossos olhares, e no dia em que ele for completamente esclarecido, o Espírito cantará o seu triunfo, e todos num estribilho repetirão o brado do Apóstolo: "Onde está, ó morte, o teu aguilhão? Onde está, ó morte, a tua vitória?" Estão próximos os tempos da grande difusão do Espírito como a previu, em magnífica visão, o Profeta Joel, e anunciou-a com os testemunhos dos fatos, o Apóstolo Pedro no Cenáculo de Jerusalém. Que o Senhor abrevie esse dia venturoso. – B. M.

O JUIZ EDMONDS

"Entre as observações experimentais que levam a concluir que há comunicações com os Espíritos, assinalarei especialmente à atenção dos meus leitores as que se seguem, por datarem dos primeiros anos do Espiritismo moderno, do ano 1855.

Trata-se, aqui, de um testemunho indiscutível, o do Juiz Edmonds, que observou este fenômeno na sua própria família, na pessoa da sua filha Laura.

O juiz Edmonds não é qualquer um.

Gozava de fama considerável nos Estados Unidos, em razão das altas funções de que estava investido, primeiro como presidente do Senado, depois como membro do Tribunal de segunda estância de Nova York. Quando o Espiritismo lhe chamou a atenção, ele o desprezou com todo o ceticismo do magistrado habituado a julgar a incerteza dos testemunhos humanos. Mas, após estudo consciencioso, ele declarou reconhecer não só a existência dos fatos, mas, também, a da sua interpretação pela hipótese dos Espíritos.

A estupefação e a indignação da alta sociedade americana foram de tal ordem que o juiz Edmonds teve que se demitir das suas funções de magistrado. Sacrificou, sem hesitar, seu interesse pessoal ao que ele considerava como sendo a verdade. Eis uma coragem rara que não é inútil admirar; reforça muito as informações dessa testemunha da primeira hora.

Sua filha Laura tinha recebido educação esmerada. Era fervente católica. Seu diretor de consciência ordenou-lhe renunciar a essas práticas, o que fez; recusou então assistir às tais manifestações, se bem que se renovassem muitas vezes na sua roda.

Mas a casa em que habitava acabou por tornar-se uma espécie de casa assombrada. Meio ano se passara assim; ela ouvia constantemente sons estranhos e via fenômenos, não menos esquisitos, realizando-se sem intervenção humana aparente, e que, entretanto, pareciam ser guiados por uma inteligência. Levada pela curiosidade recomeçou a frequentar as sessões. Breve ficou convencida da presença de um agente inteligente, sem perceber o que podia ser. Começou a falar diferentes línguas, embora só conhecesse sua língua materna e o francês aprendido na escola. Seu pai afirma que nesse primeiro ano, em diversas circunstâncias, falou ela nove ou dez línguas, algumas vezes durante uma hora, com facilidade e desembaraço perfeitos.

Aliás, ouçamo-lo, ele próprio.

"Estrangeiros puderam conversar por seu intermédio com seus amigos desencarnados, em sua língua; dentre muitos se deu o fato seguinte:

Uma noite recebi a visita de um estrangeiro de nacionalidade grega, chamado Evangelides, que não demorou a conversar com Laura nessa língua. No decorrer da conversa, mostrou-se muito comovido, derramando até lágrimas, Seis ou sete pessoas estavam presentes e uma delas perguntou-lhe qual a causa de sua emoção. O interpelado furtou-se a uma resposta direta, dizendo que eram fatos de família.

No dia seguinte renovou a conversa com Laura, e, como em minha casa não houvesse naquela ocasião nenhuma pessoa estranha, deu-nos a explicação desejada: a personalidade invisível com quem conversava, por intermédio de Laura, dizia ser um seu amigo íntimo, morto na Grécia, irmão do patriota grego Marco Bozarris. Esse amigo o informava da morte de um dos seus filhos, dele Evangelides, o qual ficara na Grécia em perfeita saúde quando ele partira para a América.

Dez dias depois da sua primeira visita, o estrangeiro nos avisou que acabava de receber uma carta, participando-lhe a morte do seu filho; essa carta devia estar em trânsito por ocasião da sua primeira conversa com Laura.

Desejaria que me dissessem como devo encarar esse fato. Negá-lo é impossível, pois é demasiado flagrante. Nesse caso, também se poderia negar o Sol que nos alumia.

Considerá-la uma ilusão, não o poderia tão pouco, pois não se diferencia em nada de qualquer outra realidade comprovada em qualquer época da nossa existência.

Isto se passou perante oito ou dez pessoas, instruídas todas. Inteligentes, ponderadas e tão capazes de diferençar uma ilusão de um fato real como qualquer outra. Seria ocioso pretender que fosse o reflexo dos nossos próprios pensamentos; nunca tínhamos visto esse homem, sendo-nos apresentado por um amigo naquela mesma noite; aliás, supondo mesmo que nossos pensamentos tivessem podido comunicar-lhe a ideia da morte de seu filho, como teriam podido conseguir que Laura compreendesse e falasse o grego que nunca ouvira?"

I. W. Edmonds

(Ext. de *Animisme et Spiritisme*, de Aksakof, pág. 419).

UMA SESSÃO COM A MÉDIUM EGLINTON

(Da *Revista Internacional do Espiritismo*)

As sessões de Katie-King com William Crookes constituem, pode-se dizer, a entrada do Espiritismo Experimental no círculo fechado da ciência oficial. O testemunho pessoal do maior sábio do mundo constatando a realidade dos fatos espíritas muito tem concorrido para rebater a superstição dos sábios e destronar o espírito de negação que tanto mal tem causado à humanidade.

Essas sessões se tornaram, como se sabe, memoráveis, e tanta importância elas revestem que até hoje, não só o nome de William Crookes como as suas afirmações espíritas são citadas sempre que se trata de assuntos psíquicos.

De fato, o ilustre descobridor da matéria radiante, verificou tudo o que se pode verificar nesse gênero de manifestações. Para que se ajuízem melhor os trabalhos por ele realizados, vamos transcrever o seguinte trecho, que parece resumir todas as suas cartas e declarações publicadas na imprensa e enfeixadas num livro que corre o mundo.

"Uma das fotografias mais interessantes que tenho é aquela em que me acho de pé ao lado de Katie; ela tem seu pé descalço pousado sobre um ponto do soalho. Fiz depois a Sra. Cook vestir-se como Katie; ela e eu nos colocamos exatamente na mesma posição e fomos fotografados pelas mesmas objetivas, colocadas como na anterior experiência e esclarecidos pela mesma luz. Quando os dois retratos foram comparados, as duas fotografias coincidiram exatamente quanto às dimensões, etc., mas a de Katie parece uma mulher gorda. Em muitas provas, o tamanho do seu rosto e a grossura do seu corpo a diferem do médium, fazendo notar muitas outras dessemelhanças...

"Vi Katie recentemente, de um modo tão nítido, quando era iluminada pela luz elétrica, que se me torna impossível acrescentar mais algumas notas sobre as diferenças que, num precedente artigo, estabeleci como existentes entre ela e seu médium.

"Tenho a mais absoluta certeza de que a Sra. Cook e Katie são duas individualidades distintas ao menos no que se refere aos seus corpos. Pequenos sinais que existem no rosto da Sra. Cook não aparecem no de Katie. Os cabelos da primeira são de um castanho-escuro aproximando-se ao negro; uma mecha dos cabelos de Katie, *que eu tenho à vista*, e que com sua permissão cortei de suas bastas tranças, depois de acompanhá-las com os meus dedos até o alto de sua cabeça, a fim de certificar-me de que aí tinham nascido, é de um belo castanho dourado.

"Certa noite contei as pulsações de Katie: seu pulso batia regularmente 75 pulsações ao passo que o da Sra. Cook, poucos instantes depois, atingia 90, seu número habitual.

"Apoiando o meu ouvido sobre o peito de Katie, pude perceber as pancadas do seu coração, mais regulares que as do da Sra. Cook, como esta me permitiu observar depois da sessão. Experimentados do mesmo modo, os pulmões de Katie se mostraram mais sãos que os do seu médium, que então se estava tratando de forte defluxo".

Mais um trecho para completar o pensamento.

"Tendo terminado suas instruções, Katie me convidou a entrar consigo no gabinete e permitiu que aí me conservasse até o fim. Em seguida, tendo levantado a cortina, conversou comigo durante algum tempo, e depois atravessou a sala para ir ter com a Sra. Cook, que jazia inanimada no chão. Inclinando-se sobre ela, tocou-a e lhe disse: – Despertai, Florence; despertai! É preciso que eu vos deixe.

A Sra. Cook acordou banhada em lágrimas e suplicou a Katie que se demorasse ainda algum tempo!

"Minha cara, não posso fazê-lo; a minha missão está cumprida; que Deus vos abençoe! – respondeu Katie, e continuou a falar com a Sra. Cook. Durante alguns minutos, elas se conservaram juntas, até que as lágrimas da Sra. Cook impediram-na de falar.

"Segundo as instruções de Katie, avancei para amparar a Sra. Cook, que ia caindo ao chão, soluçando convulsivamente. Olhei então ao redor de mim; mas Katie e o seu vestido branco tinham desaparecido. Logo que a Sra. Cook se acalmou, trouxeram uma luz e eu conduzi-a para fora do gabinete".

Não foi só o Sr. Crookes que obteve exuberantes manifestações do simpático Espírito, chamado Katie-King. No livro de Aksakof, – *Um Caso de Desmaterialização parcial do Corpo de um Médium*, o leitor encontra significativas e emocionantes resenhas de outras sessões, cujos experimentadores imparciais também testemunham tão positivos fenômenos.

Além da médium Florence Cook, que serviu nas experiências de Crookes, outros médiuns prestaram o seu concurso, tendo o mesmo Espírito se manifestado, tal como na *sessão de 10 de maio de 1885*, cujo relato foi assinado pelo Sr. James Tissot. Vamos transcrevê-lo na íntegra, pois, talvez, esse documento não seja conhecido dos leitores.

—"Depois do jantar reunimo-nos na sala das sessões. O círculo era pouco numeroso, mas simpático.

Logo após de ter entrado no local escolhido para a experiência, o médium cai em transe e senta-se atrás de mim. De tempos em tempos passeia muito agitado, bate as mãos, geme, anda na obscuridade como se estivesse na claridade sem se atrapalhar e se deixa cair sobre uma cadeira baixa, atrás de mim, cujo móvel ringe ao menor movimento. Adormece.

Eu converso com os meus vizinhos cousas indiferentes. De tempos em tempos, nós cantamos. O "controle" Joey nos recomenda não cessar de conversar sobre qualquer assunto, porque ao menor silêncio, aumenta a ansiedade de cada um, cansa e exaure o médium.

— Katie aí está – disse-me a voz. De repente, assinala-se-me à direita atrás de mim, uma luz. É uma forma de mulher. Observo-a cheia de vida; apenas vejo-a, desvanece-se. Olhei-a muito depressa. A manifestação foi como que neutralizada por minha ansiedade. Prometi não olhar enquanto a forma não fosse distinta. Dois minutos depois, a luz aparece de novo. Espero um pouco e volto-me docemente para a esquerda. Vejo então, perto de mim, uma forma humana iluminada por um foco luminoso, que partia do peito, luz muito azulada. A cabeça envolta num tecido finíssimo parecia mui pequena, apenas da espessura de uma maçã. Mas eis que cresce. Vejo uma figura de mulher inteiramente formada, inclinada para mim, olhando-me. É Katie, sim, é ela mesma. Observo o seu queixo. Parece-me menor do que eu tinha o costume de pintar. Noto o modo do seu sorriso angélico, cheio de doçura. Sim, é mesmo Katie! Seu pescoço é visível, tão pequeno entre os tecidos que caem sobre o seu peito. Depois nada mais.

Joey me previne que Katie não está ainda bem formada, que vai novamente aparecer e me pede não olhar sem que a aparição seja completa.

Mas conversamos causas banais. Depois meus vizinhos vendo a materialização da figura exclamam:

— Oh! What a sweet! How pretty!

Eis que Katie reaparece esta vez mais distinta. É certamente uma pessoa de aspecto vivo que eu tenho diante de mim. A face é azul como que iluminada pela lua. Sei com segurança que é a minha Katie! Mas ela desapareceu antes que eu pudesse observar a alvura das mãos. Depois de alguns instantes, volta e eu observo tudo. As duas mãos reunidas parecem segurar um espelho luminoso que reflete um foco de eletricidade que parte do seu estômago. A figura desvanece-se. Estaria tudo acabado? Uma luz se mostra então à minha direita, é a forma dum homem, moreno, corado, lábios encarnados, barba preta, uma espécie de turbante de musselina branca e o corpo envolto em fino tecido. Sua mão apresenta um corpo luminoso que irradia claridade. Ele passa à minha esquerda, atrás de mim, depois atravessa a sala diante de nós e mostra-se às pessoas da direita e desaparece no soalho. Julga-se ser Ernesto, o guia do médium. Passam-se alguns momentos e a conversação cessa.

— Duas luzes perto de vós, monsieur Tissot, duas formas... Oh! Como isso é belo!

— Posso observá-las?

— Oh, sim! É Katie e o Guia.

Com efeito, eu me desvio para a direita, tomo as mãos dos meus visinhos da direita e da esquerda, na minha mão esquerda, a fim de não interromper a corrente, restando-me, entretanto, a possibilidade de me voltar para um e para outro lado, a meu gosto. Vejo um grupo admirável iluminado por essa mesma claridade azulada que assinalei, porém mais branca, como se tivessem extraído pequenos fragmentos da lua e colocado nas mãos das aparições. Esta é a forma do mesmo homem com o aspecto indiano que traz uma moça que é Katie.

Eu exclamo em voz baixa:

— Como isto é belo! É mais belo do que eu sonhava ver. É Katie mesmo!

Eu observo tudo: as dobras do tecido, a posição das mãos.

Uma das mãos do homem se aproxima de Katie, como para melhor iluminar; a outra a abraça. Ele tem o ar de quem a conduz como sua filha, sua irmã.

E então eu continuei a devorar essa cena; eis que Katie se inclina, inclina-se e beija-me. Eu sinto uma pele macia como de uma criança. A epiderme parece quente e viva, ela tem sempre a mesma expressão de beatitude, de felicidade intensa. Reconheci exatamente o beijar de Katie, achei-o real. Ela ergue-se, inclina-se outra vez e dá-me um segundo beijo. Depois se retira lentamente e desaparece.

Todos os assistentes viram-na, uns e outros conforme a posição em que se achavam; este de perfil, aquele de face. Eu me julgava quase tão iluminado quanto a aparição que se achava perto de mim! Todos do grupo ficaram prodigiosamente impressionados! Quantas surpresas e quantas imprevisões nessa mistura de figuras humanas e sobre-humanas!

Eis tudo.

A VIDA EM OUTROS MUNDOS

Lição de Zodíaco em Inglaterra, na noite de 15 de abril de 1934, por intermédio de Miss Winifred Moyes, em transe.

(Da *Revista Internacional do Espiritismo*)

...Desejaria, portanto, que não duvidásseis de que, em volta de vós, se encontram os santos anjos de Deus. Eles se dirigem a cada um de vós individualmente, com grande amor, embora isso vos pareça estranho, em virtude do contraste entre o seu brilho e a vossa obscuridade. Eles me pedem que vos lembre de que, em um tempo já muito afastado, representavam a obscuridade, também; e que num futuro distante, vós, meus muito amados, haveis de ser como os anjos de luz.

Quanto não é animador pensar nisto, quando os interesses da vida mundana exercem tão grande domínio sobre o coração e a mente humana! Em presença da deficiência dos nossos esforços, é grata a lembrança de que nos encontramos apenas em um dos estágios de educação, e que, em tempo vindouro, todos os que estão agora revestidos do corpo físico virão a ser a representação do belo e do poder de Deus.

A LIÇÃO DO PAÍS DA LUZ

Meus Irmãos e irmãs, eu fui enviado, esta noite, para junto de vós, a fim de dizer algumas palavras acerca da *Vida em Outros Mundos*, visto que, percorrendo este vosso país, vejo que existem mal entendidos no que diz respeito à vida grandiosa preparada por Deus para toda a criatura. Às vezes, parece que a mente humana se ocupa excessivamente do País da Luz: dessa situação pela qual o homem e a mulher contam vir a passar; e, por não terem sido convenientemente elucidados concentram o pensamento no belo e nas comodidades, encontrando depois a desilusão.

É mister, ao considerar os outros mundos, não pensar somente na vida humana; é necessário estender a vossa simpatia a todas as criaturas – às criaturas mais humildes de Deus – e compreender que até os pequenos insetos têm o seu lugar no Plano do Eterno; que esses animais que tanto temeis, ou que vos causam repulsão, possuem também sua própria individualidade. Eles tiveram já muitas vidas em outros ambientes, e terão de atravessar muitos mais até que, peja evolução, venham a readquirir a perfeição em que foram criados pelo Senhor Deus de tudo quanto existe.

A VIDA FUTURA DOS ANIMAIS E DOS INSETOS

Aqui se encontram presentes os que amam os seus animaizinhos, que se deleitam ao ouvir o cantar dos pássaros, e pensam no que acontecerá após a sua morte ou depois de estas criaturinhas terem, por sua vez, abandonado a Terra. Será uma separação para sempre, e, não o sendo, de que maneira as tornarão a encontrar? Por isso, eu desejo asseverar que quem cuidou dos seus animais, amou os passarinhos e tratou, com tanto esmero das suas plantas, verá, num estágio futuro, a grandiosa réplica que todas estas formas de vida darão ao que receberam. Pensando, pois, na vida, véu além, não ponhais de parte as outras criações de Deus, mas lembrai-vos disto: que existem muitos mundos; mundos sem conta, e que cada esfera encerra a vida em um ou outro aspecto. Às vezes é como se a vida estivesse tão sutil e sublimada que o coração quase desespera com a lembrança dos dias que passaram tão mal aproveitados. Mas o Nosso Pai providenciou a bem de todas as Suas criaturas a quem ama com igual ternura.

Já que estamos a pensar em outros mundos, não será oportuno examinar as condições de vida a seguir à Terra? É preciso afastar do vosso entendimento qualquer teoria de esferas independentes, isto é, de esferas que não podem atuar sobre outras. É necessário compreender que Deus não limita o homem. Quando os filhos da Terra a abandonam pelo desencarne, Deus não lhes diz: "Tanta excelência, tanta liberdade, e não mais". Deus, na verdade, convida-os a apropriarem-se de tudo quanto reservou a Seus filhos; existe, porém, a *alta barreira dos ambientes*. Quando o homem e a mulher vulgares abandonam a vida terrestre, seus olhos enxergam um cenário cheio de doçura, e desse cenário fazem parte os que eles mais amaram; mas não estacionam nesse meio.

OUTRAS ESFERAS QUE SE ASSEMELHAM AO MUNDO

Imaginai os doentes, homens e mulheres, a quem uma doença grave causou a morte. Estão esgotados fisicamente, e seu corpo anímico sofre também. Permanecem durante um curto espaço de tempo em um meio de bem-aventurança – graças sejam dadas a Deus! –, mas cedo o Espírito interior manifesta desejo de adquirir mais perfeito saber e de dar, em lugar de tomar. Procuram, então, os instrutores e indagam deles o que poderão fazer.

Desejo que saibais que, fora do País da Luz, existem esferas parecidas um tanto com o plano da Terra, e que nelas se encontram coisas semelhantes às da Terra, que agora vos interessam. Por que será assim? É porque muitos dos que passam deste mundo não possuem conhecimentos suficientes para poderem dar entrada nos planos espirituais cheios de esplendor: têm, infelizmente, grande necessidade de instrução. De modo que ali se acham as coisas da Terra, por uma forma, um tanto mais sutil, destinadas a entreter-lhes a atenção, a estimular seus dotes em estado latente, a desenvolver suas faculdades criadoras e a disciplinar-lhes a vontade. Quando, pois, vossos amigos vos vierem dizer: "Eu tenho uma linda casa" ou "eu trabalho numa granja" ou "eu tenho umas criancinhas a meu cargo" ou "eu trabalho à beira-mar", deveis compreender que esses ambientes existem com certo fim e que são de duração limitada.

A mentalidade humana criou, instintivamente, durante a sua passagem sobre a Terra, a necessidade de certas coisas de natureza física. No clima deste continente, precisa o homem do abrigo de um telhado e de se resguardar dos ventos e tempestades; e, quando desencarna, se, durante a permanência no plano terrestre, tiver a ambição não satisfeita de possuir uma bonita casa, com grande alegria, encontrará uma que lhe é destinada. Sabei, porém, que estas coisas têm a natureza de tentações. Quando a alma está suficientemente evoluída, o homem em seu coração e mente não deseja possuir coisas que se lhe atravessem no caminho das suas ambições espirituais.

Mas, que são essas ambições? São o desejo de se libertar daquilo que outrora o prendia, de se dirigir aos cativos, aos cegos, aos prisioneiros do egoísmo próprio, partindo-lhes os grilhões que os subjugavam.

POR QUE MOTIVO DEVERÍAMOS ADQUIRIR O DOMÍNIO DO DESEJO DE POSSE DAS COISAS DA TERRA

É necessário, portanto, – e isto é de importância primacial – habituar-vos, pelo que respeita a possessões, a não desejar aquilo que represente as belezas terrestres; mas, a criar, em vossa fantasia, uma esfera cheia de doçura, onde a Divindade interior tenha maior oportunidade de se manifestar, e na qual possais dar entrada. Sempre que os homens e mulheres, ao desencarnarem, encontram, no estágio seguinte, representações das coisas da Terra; podeis estar certos de que seu progresso não foi muito grande. Em sua frente, porém, a imortalidade, e, no decorrer do tempo, eles conseguirão aniquilar o desejo interior da posse de tesouros pessoais; e, libertos, então, lhes será possível aplicar os seus dons segundo o agrado de Deus.

Meus filhos, levar-vos-ei, agora, mais longe, como direis. O ambiente seguinte, que está franqueado à alma que procura ascender, é um meio no qual a Natureza se apresenta em forma muito mais levantada. Bem anteriormente ao plano terrestre ter sido utilizado para os fins a que foi destinado, tinha a Natureza já tido a sua história. O que hoje vedes nas árvores e nas flores não é mais do que a sombra da beleza e poder curador que tinham ao serem criadas pelo Senhor Deus de tudo quanto existe.

DE QUE MANEIRA OS SIMPLIFICADOS MANTÊM O SEU ESPLENDOR

Dai largas à vossa imaginação e pensai nas flores, nas árvores, nas ervas, nos vastos oceanos como sendo uma aproximação daquilo que, por intenção de Deus, virão a ser. Quando vos achardes no ambiente seguinte, não vos será possível encontrar palavras que possam descrever a beleza que ali existe; e haveis, então, de compreender como Deus é grande e maravilhoso o seu poder criador. E, não obstante, se acercarão de vós os que vos dirão: "Isto é apenas a sombra do real!" Haveis, então, de perguntar: "Que devo eu fazer?" E os seres resplandecentes vos responderão: "Podeis, querendo, continuar aqui; porém, o belo e o poder se irão afrouxando". E, se ainda perguntardes: "Que me cumpre fazer?", aos vossos ouvidos soarão as doces e antigas palavras: *Apascente os meus cordeiros!*

Caminhando, progressivamente, pelas esferas encontrareis o belo em uma forma que desnortearia a imaginação humana. E, se interrogardes os seres brilhantes sobre a sua condição, eles hão de procurar dar-vos uma ideia aproximada daquilo que representam, mas isto vos afirmará: "Se por um segundo, pela vossa contagem do tempo, nós deixássemos de lutar, deixássemos de executar o trabalho de Deus, as nossas condições de santidade iriam ficando cada vez menos elevadas, e chegaria tempo em que seríamos a representação de "anjos caídos".

OS ANJOS CAÍDOS

Há pessoas que, lendo as Escrituras, não deixam de ficar um tanto cheias de espanto pela história de aquele que, sendo tão grande, caiu da sua elevada posição. Mas as leis de Deus são claras. Se vós, meus irmãos e irmãs, diligenciardes alcançar um determinado grau de emancipação espiritual, e depois deixardes de vos esforçar, com mais intensidade ainda haveis de ter o desgosto de verificar a descida da escala da balança! Foi o que sucedeu àquele a quem chamais anjo decaído da sua elevada categoria. Ah! Tem havido anjos decaídos, mas, pela vontade de Deus e Sua santa provisão, chega o tempo de os anjos de Deus não caírem mais. E assim sucederá convosco.

Vou colocar-me mais próximo de vós, porque me desagrada a divisória física que nos separa; parece estabelecer uma barreira entre os que estão livres e aqueles que se encontram sujeitos à carne (*Zodíaco desce do estrado indo colocar-se ao centro da sala*). Como tenho já dito, é vontade de Deus que todos os planos e ambientes estejam abertos aos seus amados, à medida que forem progredindo e procurem servir. Se alguém vos disser: "No Céu existem estas e aquelas esferas", não lhe deis crédito. As esferas e ambientes são inumeráveis: a mentalidade de Deus não lhes estabeleceu princípio e fim. O homem foi criado à imagem da Divindade, mas caiu durante a sua longa viagem de experiências em muitos; mas, sejam dadas graças a Deus porque se ergueu do passado; e está a chegar o tempo em que se acharão no ambiente terrestre, almas libertas que hão de demonstrar a sua divindade para que todos a vejam; Espíritos de pioneiros que se afastarão das coisas terrenas e que, alegremente, farão a Jesus Cristo a sua rendição incondicional e, por seus esforços e orações, trarão ao plano da Terra um despertar de tal ordem que surpreenderá a mentalidade suspeitosa do homem sem fé.

OS DE CORAÇÃO HUMILDE QUE OPERAM MILAGRES

Quando, pois, me refiro à vida em outros mundos, desejo que fiqueis certos de que os vossos entes amados se encontram em meios diversos: uns, no que chamais o País da Luz; outros, por assim desejarem, estão em esferas escurecidas, para onde foram, voluntariamente, na qualidade de missionários; outros estão procurando desembaraçar-se dos tropeços materiais a que deram origem, durante a sua estada na Terra; alguns fazem esforços para extinguir em si mesmos a vaidade que, outrora, os dominava; e há ainda os que procuram libertar a pureza de coração e a simplicidade de espírito que, em si, estão em estado latente, realizando, agora, quão dura é tal tarefa, visto terem desprezado a singeleza de Jesus Cristo.

Temos também as criancinhas, que vós amais tanto, que estudaram nas escolas da Terra e estão sendo agora educadas nas escolas de outras esferas. E algumas têm uma tal sensatez espiritual, que lhes é dada a missão de levar o homem orgulhoso a abandonar seus preconceitos.

E, a propósito, desejo que fiqueis bem cientes de qual o papel que os animais desempenham, bem como os pássaros e as flores. Há almas desencarnadas que, às vezes, se "entregam ao desespero e estão de tal maneira acorrentadas às coisas da Terra que não nos podem nem desejam ver. Nós, então, envolvendo uma criancinha em manto protetor, lhe dizemos: "Ide, depressa, levar conforto!..."

Mas, se a criancinha nada consegue, nós empregamos outros meios ao nosso dispor: aquelas almas errantes, terríveis para si mesmas e para quem se aproxima delas, poderão ser vencidas pelo cantar de um passarinho. Enviamos-lhes, portanto, como mensageiras de luz, as avezinhas cantadoras carregadas do poder divino. E, como estas criaturinhas de Deus se comprazem em pousar sobre quem se encontra em santa miséria, sucede, por vezes, que um lampejo de comoção lhes acode ao cérebro enevoado...

AS INCONTÁVEIS ESFERAS DE VIDA

Quando meditardes na vida do grande mundo em frente, não vos regaleis pelo que os ignorantes apregoam. As "esferas" não têm limite; e inumeráveis vos parecerão os ambientes por que tendes passado até que, como Espírito em invólucro físico, tomastes lugar no mundo terrestre.

Eu desejo que façais da vossa parte tudo quanto puderdes para auxiliar, em seus trabalhos, os que já deixaram a Terra; na certeza de que, em virtude da vossa cooperação, lhes será possível dar-vos mais perfeito entendimento e aumentar o vosso amor ao trabalho que está em frente. Nós todos somos uma grande família, e não existe aqui uma única alma, seja qual for a sua idade, que não possa praticar milagres, pelo poder de Deus. No desempenho dos vossos trabalhos quotidianos, executando as tarefas mundanas, podeis operar milagres de misericórdia...

Assim, pondo em ordem a vossa casa, cuidando do vosso jardim, visitando o vosso vizinho, procurando incutir-lhe ânimo, tendo bem presente que estais promovendo o belo, noutra esfera, que estais espalhando o poder neste ambiente e que suavizais, aos que estão ainda, para nascer, a sua passagem pelo ambiente terrestre com maior probabilidade de falência, de futuro. Quão grande é o amor de Deus e maravilhosas Suas provisões! As palavras de Jesus continham toda a verdade e sabedoria. O que delas conservais, encerra o que vos é suficiente; mas com que alegria nós, nos tempos de há tanto passados, nos reuníamos em Sua volta e O ouvíamos quando nos procurava elucidar acerca das mais sublimadas esferas de Luz! Ele se esforçava para nos habilitar para o trabalho que tínhamos de executar, e Suas palavras eram explícitas; mas, como Ele Próprio disse, nós não as podíamos compreender; não podíamos suportar a verdade maior que Ele nos desejava transmitir...

POR QUE CRISTO EMPREGA INTERMEDIÁRIOS

...Dizem alguns: "Não limiteis a Deus!", mas eu digo também: "Não limiteis o amor de Deus!" – Deus, O Criador, poderia, por impulso da Sua vontade, como diríeis partir as cadeias que vos enleiam; mas, se assim fosse, converter-vos-ieis em uns bonecos, deixaríeis de ter individualidade própria. É, por isso, que se procuram os missionários, os libertadores, os que desejam ser pioneiros, os que, libertando o Espírito Santo que em si habita, são os luzeiros do mundo escurecido!

... "Guarnecei as vossas lâmpadas, filhinhos da Luz: não deixeis que se apaguem pelo vento da adversidade; resguardai-as com a proteção segura do Amor Divino porque está a chegar a hora em que, no plano da Terra, haverá urgente necessidade da luz do Espírito Santo".

INTERVENÇÃO NA OPERAÇÃO

Trad. W. CAMPELLO para a *Revista Internacional do Espiritismo*.

"Zeitschft fur Metapsychische Forschung" transcreveu de *New Vierner Journal* o seguinte caso narrado por um médico operador:

"A heroína deste acontecimento é uma de minhas pacientes, viúva de um funcionário público, de 42 anos de idade, uma senhora excessivamente nervosa e estado geral doentio. Ela teve o infortúnio de apanhar um abscesso, que devia ser operado. A localização tornava uma anestesia local sem efeito e, por outros motivos, não se podia aplicar uma anestesia geral. Eu estava convencido de que a paciente, extraordinariamente sensível, não me tornaria fácil esta pequena intervenção e, então, fiz recomendações especiais às minhas assistentes.

Grande foi o nosso espanto quando a paciente sofreu a operação sem um grito, sem proferir palavra e sem fazer movimento algum, operação que por sua natureza e sede devia ser dolorosa. Porém o nosso espanto chegou ao auge quando, depois de dois minutos, portanto num tempo em que a operação estava concluída, a mulher deu um grito estridente, começando a chorar e gemer. Fizemos-lhe ver que toda a operação já estava terminada, mas esta afirmativa não a surpreendia e narrou-nos o seguinte: ela assistiu à intervenção, não obstante termos tentado ocultar-lhe tudo por meio de uma tapagem. Poucos segundos antes do golpe, teve uma sensação de desmaio e subitamente se via deitada sobre a mesa de operação. A coisa se lhe afigurava como se não fosse ela a operada, mas uma pessoa estranha que deveria em seu lugar ser submetida à intervenção. Portanto, ela olhava com muito interesse, sem sentir as dores do corpo colocado à sua frente. Ela também viu quando tudo estava terminado. Repentinamente sentiu em si uma sensação de sucção, como se o corpo que aí estava deitado estivesse exercendo atração sobre o segundo "Eu". "Tornei a sentir uma sensação de desmaio e, no momento próximo, quando o segundo "Eu" estava unido ao corpo, senti as dores que me fizeram gritar".

Não era possível negar o fato. O "Duplo" tinha abandonado o corpo, o qual, segundo a expressão de Durville, ali estava estirado como um saco vazio. Podíamos retalhar aquele corpo, sem que o "Duplo", portador da consciência dos acontecimentos, disso se apercebesse. Ao contrário, este pôde assistir impassível e calma a todo o processo. Somente depois de o corpo ter integrado a si o "Duplo" é que apareceu o fenômeno dor. Respondendo à minha pergunta, a paciente disse que ela por diversas vezes sentiu a impressão de ver diante de si a si própria e que em todos os casos o corpo se lhe afigurava uma coisa estranha. As investigações de Durville dificilmente achariam um caso melhor do que este fornecido pela minha clínica. Este caso se assemelha ao do Dr. Durville em que se trata de um oficial russo. Este oficial foi operado, sofrendo de um incômodo grave. O seu "duplo" assistiu à operação passivamente e sem interesse. Porém, no caso observado por Durville, foi o paciente submetido a uma narcose; uma circunstância que torna aquele caso muito menos convincente e conclusivo do que o aqui relatado".

ADMIRÁVEIS FENÔMENOS MEDIÚNICOS

"Tendo ido de São Paulo para Curitiba, onde agora está, o nosso estimado confrade Cornélio Pires vem de enviar-nos dali o relato de uma série de fenômenos mediúnicos, que ele classifica entre os que enlevam e deslumbra, obtidos por intermédio de Cesário Cogone, pequeno mecânico de 22 anos, que o nosso confrade levou consigo como seu motorista e secretário.

Resumidos nos estreitos limites de uma carta, ainda assim podem os fenômenos em questão ser bastante apreciados, uns pela sua singularidade, outros pela relevância de suas consequências, todos por demonstrarem a excepcionalidade das faculdades do Cesário, tais as modalidades que assumem.

Na exposição dos mencionados fenômenos, seguiremos a ordem em que no-los descreveu aquele distinto amigo, reproduzindo-lhe quase integralmente as palavras, ordem que é, cremos, a em que eles se produziram. São os seguintes:

1º. – Sem transe mediúnico, à plena luz do dia, uma cadeira é levitada e colocada sobre um guarda-roupa.

2º. – Um lápis se levanta e escreve recados, dirigidos a mim, do guia Vicente Dias, de Bezerra de Menezes e de meu pai.

3º. – Com uma máquina fotográfica "film-pack" 6x9, posta sobre o guarda-roupa, são tiradas diversas fotografias, inclusive de um irmão meu desencarnado há 41 anos e meio.

4º. – Um postal, deixado em São Paulo, com um retrato meu, cai aqui entre nós.

5º. – Apesar de sofrer eu do estômago, Vicente, o guia, me dá permissão para comer uma feijoada, tomando em seguida um copo d'água que se torna azul e deixa resíduos no fundo do copo; a comida nenhum mal me faz.

6º. – Cesário me mostra na parte posterior da sua coxa direita uma equimose roxa: efeito de um ponta-pé que lhe dera Vicente, ao acabar o mesmo Cesário de beber um cálice de cachaça.

Agora, a parte mais interessante.

Colocado o Tenente Samuel sobre uma mesa, a fim de ser operado de uma apendicite crônica, apagada a luz, diz Vicente: "Bezerra quer cortar"? E acrescenta: "Vou desincorporar". Bezerra se identifica para mim, usando a frase habitual: "Meu velho amigo". Ouve-se a serrilha cortando a ponta da ampola, o ruído da seringa e... a operação está feita.

Dias depois, é operado o Capitão Pimpão, ajudante de ordens do Interventor Ribas, que estava presente, bem como sua senhora. O caso é de úlcera no duodeno.

O doente pede que o sangue seja apanhado num vaso e ali fica o sangue, bem como a seringa com a agulha de que se serviu o operador e que foi doada à Federação Espírita do Paraná. A operação foi rápida.

Também foram operados: de hérnia, o farmacêutico Orlando, cunhado de Odilon Negrão; de úlcera no estômago, o senhor Salgado.

Foram ainda curados: uma senhora, paralítica havia 17 anos e que agora vive a fazer crochê; uma pobre mulher cega e que está vivendo de costura; grande número de caso de fraturas e enfermidades de pés e joelhos; vários de cegueira já bem avançada; outros de crianças com uma perna mais curta do que a outra e que se acham perfeitamente normais.

Quando o caso reclama a aplicação de algum medicamento ou de injeção que aqui não se encontram, umas e outros são obtidos da seguinte maneira, desde que haja urgência: escreve-se uma carta fazendo a encomenda e coloca-se a carta com o dinheiro necessário em cima do guarda-roupa; carta e dinheiro são transportados, no mesmo instante, para o médium Mário Lucila, em São Paulo, e, ao cabo de breve espaço de tempo, os medicamentos ou injeções pedidos são trazidos.

O médium deve ignorar a parte referente a dinheiro transportado, pois é de um escrúpulo, quase doentio, em matéria de moedas.

Como se vê, são os mais variados os fenômenos que se produzem com a mediunidade de Cesário Gogone, predominando os que dizem com a prática da caridade, o que é naturalíssimo aconteça, uma vez que neles intervém o caroável Espírito, sumamente caridoso, de Bezerra de Menezes, que vota particular estima ao nosso prezado irmão Cornélio Pires, o qual, a seu turno, é também médium de excelentes faculdades.

Dentre os fenômenos anteriormente enumerados, destacaremos o da fotografia, de que ele nos enviou uma cópia, de um irmão seu falecido há mais de 40 anos, tirada por um operador invisível, dado que a máquina se achava carregada sobre um guarda-roupas, longe, pois, do alcance de qualquer pessoa, ao ser batida a chapa e sem que alguém haja sabido ou percebido em que momento preciso a operação foi executada.

A fotografia, ao demais, apresenta a grande originalidade de ter sido tirada com um filme comum, contra a luz, donde resulta que a parte visível da imagem, o seu perfil, é a que ficou inteiramente na sombra, em negro no positivo. Entretanto, a fotografia é de admirável nitidez; destacam-se todos os detalhes do rosto do Espírito fotografado, que se pode, assim, identificar completamente, como o fez Cornélio Pires, reconhecendo a figura de seu irmão.

Este aparece ali sentado junto de uma ampla janela aberta para o exterior, profusamente iluminado pelo sol, e na postura de quem lê uma carta, segurando-a com ambas as mãos.

Vemo-nos, infelizmente, impossibilitados de reproduzir aqui essa fotografia de um desencarnado, tirada por outro desencarnado, não só porque não daria um clichê bastante nítido, como porque o papel em que se imprime o *Reformador* não se presta à impressão de gravuras.

Contamos poder em breve oferecer aos leitores descrição mais minuciosa de outros fenômenos, devidamente autenticados, conseguidos pela mediunidade do jovem Cesário Gogone".

Reformador nº 10 – outubro de 1942.

AO SAIR DO CÁRCERE

Vivem na mesma cela alguns criminosos condenados a trinta anos de cárcere. Aí estão em diuturno convívio, há doze ou quinze anos. Estimam-se como irmãos. Um deles, profundamente arrependido do mal praticado, leva vida exemplar, tornado obediente, dócil, humilde e trabalhador. Seu procedimento chama a atenção do carcereiro e dos "guardas"; sua regeneração chega aos ouvidos das autoridades; o juiz se interessa por ele e o pedido de perdão é dirigido ao Presidente, que lhe perdoa o resto da pena, ou lhe concede "liberdade condicional".

Ao receber a boa notícia, o encarcerado fica confuso: alegre por ter alcançado a liberdade, triste por ter de deixar queridos amigos ainda encarcerados. A despedida é contristadora; seus companheiros, que ficam, têm os olhos inundados de lágrimas, cabisbaixos e melancólicos.

O liberto sai vacilante; para descer um degrau ou galgar pequena rampa, precisa ser amparado, pois já não tem noção do equilíbrio, por haver permanecido sempre num mesmo plano.

É levado até à porta externa do presídio e aí deixado. Doravante, tem de contar consigo próprio.

Que impressão sentirá?

Se ao voltar os olhos para as grades, vir os antigos companheiros chorando, em altas lamentações, não poderá sentir, em toda sua plenitude, a alegria de que deveria gozar.

Mas, se eles, os que ficaram sopitando a mágoa, lhe sorriem, bradando-lhe: "Sê feliz! Nossa vez também chegará" – ele tomará seu rumo e, conforme suas possibilidades, voltará em visita aos que ficaram, estimulando-os, para que também se regenerem e alcancem o perdão.

Assim é na vida espiritual. Nossa consciência é o juiz que condena *sempre*; mas, se nos regenerarmos pelo arrependimento, ela mesma nos levará ao Poder Superior, que nos perdoará ou nos dará a liberdade condicional. Neste caso, se a nossa regeneração é perfeita, não voltaremos a cumprir o resto da pena.

Com a evolução, o sistema penitenciário vai sendo suavizado e o criminoso de hoje sofre muito menos nas Penitenciárias do que os de outros tempos... Essa é uma das grandes obras da Caridade e o resultado do "Ama ao próximo como a ti mesmo".

Meus amigos, quando o vosso irmão e companheiro de cárcere partir, não lhe turbeis a alegria com lamentações e lágrimas que em nada vos aproveitam e não enchais de tristeza a liberdade do vosso irmão.

O MAIOR MILAGRE

Qual o maior milagre de Jesus?

Penso que o leitor estará comigo concordando com a opinião de Kardec, no *A Gênese*, o livro que explica os milagres e predições:

"O maior milagre que Jesus operou, o que verdadeiramente atesta a sua superioridade, foi a revolução que seus ensinos produziram no mundo, mau grado a exiguidade dos seus meios de ação.

Com efeito, Jesus, obscuro, pobre, nascido na mais humilde condição, no seio de um povo pequenino, quase ignorado e sem preponderância política, artística ou literária, apenas durante três anos, prega a sua doutrina; em todo esse curto espaço de tempo é desatendido e perseguido pelos seus concidadãos; vê-se obrigado a fugir para não ser lapidado; é traído por um de seus apóstolos, renegado por outro; abandonado por todos no momento em que cai nas mãos de seus inimigos. Só fazia o bem e isso não o punha ao abrigo da malevolência que dos próprios serviços que ele prestava tirava motivos para acusá-lo. Condenado ao suplício que só aos criminosos era infringido, morre ignorado do mundo, visto que a história daquela época nada diz a seu respeito. Nada escreveu; entretanto, ajudado por alguns homens tão obscuros quanto ele, sua palavra bastou para regenerar o mundo; sua doutrina matou o paganismo onipotente e se tornou o facho da civilização. Tinha contra si tudo que causa o malogro das obras dos homens, razão porque dizemos que o triunfo alcançado pela sua doutrina foi o maior dos seus milagres, ao mesmo tempo em que prova ser divina a Sua missão. "Se, em vez de princípios sociais e regeneradores, fundados sobre o futuro espiritual do homem, ele apenas houvesse legado à posteridade alguns fatos maravilhosos, hoje mal talvez o conhecessem de nome".

Creio que o leitor criterioso, e desapaixonado, está de acordo.

QUE LÓGICA...

Os fariseus antigos diziam que Jesus, por influência dos demônios, expulsava os demônios... Para eles a obra do bem de Jesus era a obra de Satanás. Para os fariseus de hoje, a obra do bem de Jesus, por seus mensageiros, é obra do Diabo...

Satanás guerreando-se a si mesmo seria muito burro...

Sobre o caso aqui vai a opinião do que foi bispo católico-apostólico-romano, de Hermópolis, Monsenhor Freyssinous:

"Se Jesus operasse seus milagres pelo poder do Demônio, este houvera trabalhado pela destruição do seu império e teria empregado contra si próprio o seu poder. Certamente, um demônio que procurasse destruir o reinado do vício para implantar o da virtude, seria um demônio muito singular".

Eis por que Jesus, para repelir a absurda acusação dos judeus, lhes dizia: "Se opero prodígios em nome do demônio, o demônio está dividido contra si mesmo, trabalha, conseguintemente, por se destruir a si próprio!

Os fariseus de hoje que combatem o Espiritismo cristão, levem esta resposta para seu tabaco...

TRANSFORMAÇÃO DOS FLUIDOS

É coisa sabida e provada que os fluidos são o veículo usado pelo Pensamento que os modifica de acordo com as necessidades; ora, sendo maus os pensamentos, naturalmente serão maus os fluidos, por eles corrompidos, como os miasmas corrompem a atmosfera. Onde há pensamentos maus, não pode, pois, haver bons fluidos. Daí a razão do fracasso de passes e da volta de males após tratamento espiritual. O paciente, muitas vezes, depois de curado, volta ao charco das baixezas mentais e atrai os fluidos de

Espíritos maus e vingativos. O maior número destes casos se dá com os curados de obsessões, que recaem, ficando piores que antes.

De quem é a culpa? Deles mesmos, que de si emanam pensamentos pestilentos.

Os fluidos são tão diversos quanto os pensamentos e como que materializam estes, bons ou maus, viciosos ou virtuosos.

O nosso perispirito, esse corpo de matéria invisível, corpo efetivo do Espírito e não provisório como a carne, quando contaminado pelos perispíritos de Espíritos maus, pode depurar-se quando afastados aqueles.

Pensamentos elevados e puros são inatingíveis por fluidos pesados que não se podem alçar até o ponto a que eles se elevem.

Todas as vibrações sobre o perispírito se refletem na matéria. Daí o nosso bem-estar ou o nosso mal-estar, nossa saúde ou nossa doença, nossa alegria ou nossa tristeza.

Nem sempre é a mudança de ares que nos faz bem: a mudança de ambiente, de aspectos exteriores, modifica nossos pensamentos; daí o bem que recebemos. Mudar de ares sem mudar os pensamentos, de nada valerá. Ambientes belos e novos nos fazem esquecer pensamentos prejudiciais e nos põem em vibração salutar.

Sente-se mal numa aglomeração ou num grupo? Retire-se, eleve seu pensamento e se sentirá outro.

Há médicos que curam os doentes com boas palavras e inúmeros casos há em que basta a sua presença para que o doente melhore ou sare; é que os pensamentos bondosos do médico irradiam bons fluidos.

Assim como purificamos com correntes de ar puro um ambiente saturado de impurezas, podemos purificar o ambiente espiritual, ventilando-o com bons pensamentos, pois temos em nós mesmos essa inesgotável potência defensiva.

Não há má influência que resista à pureza de sentimentos proporcionada por bons pensamentos.

A podridão atrai moscas e moscardos. Eliminada esta, desaparecerão aqueles.

Encarnados, ou desencarnados, os bons Espíritos são inatingíveis pelos maus.

Não receiem os maus, tornando-vos bons, caritativos, tolerantes e evitem, por todas as formas, fazer mau juízo de seus semelhantes.

A fé liga nossos fluidos aos dos Espíritos e dos médicos. E diz muito bem o enfermo quando diz: "Não chamem o doutor Fulano... Não tenho fé nele". Não havendo a fé, não haverá contato fluídico e a cura, quer por Espíritos, quer pelos médicos, torna-se mais difícil.

Aí a razão por que Jesus usou daquela frase: – "Tua fé te curou" e não eu te curei.

MISTÉRIO

Observando a vida dos ditos irracionais, as pessoas que não têm estudado a evolução anímica ou procurado distinguir entre Alma e Espírito, ficam confundidas por certos impressionantes fatos cheios de mistérios e, não podendo negar os fatos, não aceitam nem explicações sobre probabilidades de interpretação de ditos fatos.

Para esses, este capítulo não trará proveito algum.

Não pretendo escrever sobre o amor, o ciúme, a vingança, o amor-maternal, o estrategismo e os cálculos dos animais inferiores, os irracionais, pois, nesse caso, teria de publicar um volume de centenas de páginas. Desejo apenas registrar neste livrinho um dos episódios mais comoventes que tenho até hoje lido. É descrito pelo notável médico campineiro, Dr. Souza Ribeiro, no número de agosto de 1929. da *Revista Internacional do Espiritismo*, publicação que deve ser assinada por todos os espíritas e estudiosos espiritualistas e que se publica em Matão, no Estado de São Paulo.

Eis o fato citado no final de um ótimo artigo sobre psicologia animal:

"No terreiro, perto do curral, estava uma grande poça de sangue e, junto a ela, uma vaca cavando com as patas anteriores e mugindo sem cessar. Haviam matado o seu bezerrinho e já o tinha esfolado e transportado a carne. Aproximando-me da vaca, eu vi, então, surpreso, que o pobre animal chorava e que as suas lágrimas rolavam umas após outras, indo cair à terra e misturar-e com o sangue do seu filhinho. Senti-me comovido e admirado ante aquele quadro sombrio, revelador da crueldade humana. Era uma cena aquela em que ficavam expostos, tomando parte nela, vários corações. Achei naquele dia que o melhor coração, que ali estava, o mais amoroso, o mais sensível, era o coração da vaca. O desta chorava diante do sangue e todos os outros sorriam! E o tempo se passou... Cresci, estudei, entrei na luta pela vida e sempre em minh'alma a recordação viva ficou daquele fato que eu vi. Só hoje, depois que me iniciei na Doutrina dos Espíritos, é que eu fiquei sabendo o porquê daquelas lágrimas. A lágrima é uma manifestação da dor, da dor física ou dor moral, ou manifestação de qualquer outro sentimento. Ali, no caso daquela vaca, não havia dor física nenhuma.

Ela chorava era de saudade, de tristeza, de dó do seu filhinho; chorava de dor moral. Ela chorava também, quem sabe, de sentimento, por ver o coração do homem ainda pulsar de tanta crueldade. É a alma que sente, é a alma que chora.

"Os animais têm alma e alma evolutiva. Para nós vêm vindo eles. De lá viemos nós. Que o nosso sentimento de amor se estenda sobre eles, pois, como nós, são eles também Criaturas de Deus".

GALHOS LADRÕES

Vede uma árvore frutífera, uma laranjeira, por exemplo. Na pujança do seu desenvolvimento, aparecem-lhe nos galhos frutíferos uns lindos brotozinhos, verdes ao repontar, e que depois como que se abrem quais enfeites doirados. Com incrível rapidez se desenvolvem esquinados e já providos de espinhos, moles e belos, e sobem, sobem, sugando ao tronco o melhor da seiva. Agora, nada têm de tenros e delicados, seus espinhos já ferem. Os galhos tomaram corpo e subiram altaneiros, repontando soberbos sobre a copa da árvore, acima dos bons galhos que produzem frutos.

O pomicultor se descuidou; mas, ao perceber o descuido, empunhará o serrote e a tesoura, se souber corrigir sua falta, e amputará cerce os galhos ladrões. Cortados estes, alguma seiva, alguma vitalidade perderá a árvore e se tornará triste. Quando, porém, cicatrizarem os cortes, mais vida sentirá ela e muitos e melhores frutos produzirá. Desafogada da exuberância de galhos e folhas inúteis, será penetrada de luz, de sol e gozará, pela manhã, a suavidade do orvalho e, à noite, o sereno calmante.

Despida de galhos ladrões, a árvore chamará menos a atenção do viandante; mas, em troca, na época própria, lhe dará ótimos frutos com que lhe sacie a sede e alimente o corpo.

A árvore frutífera é o Homem; o pomicultor, a consciência; e os galhos, ladrões, os erros.

Se o pomicultor, atento, trusquiar, desbastar os brotos ao repontarem, nada terá sofrido a árvore.

Quando Deus, Nosso Senhor, desperta a nossa consciência e ela nos amputa os galhos ladrões, quanto sofremos é para o nosso bem e para o bem da humanidade.

O ébrio, que deixa de beber, sofre, entristece-se e não mais acha prazer nas festas e passeios; o libertino, ao ser arredado dos lupanares e orgias e das bancas de jogo, clama: "que farei das minhas noites?..."

Nos primeiros tempos, ficará desorientado, perturbado; mas, assim que se reponha, sentirá a ventura de viver, de ser útil a si e aos seus semelhantes, e a sua ressurreição para o bem lhe trará a melhor das alegrias.

CURAS ESPIRITUAIS

O nosso representante em viagem, Sr. João Leão Pitta, forneceu-nos o seguinte relato de curas espirituais operadas por meio da mediunidade do jovem Cesário Gogone e por ele presenciadas:

"Tive ocasião de assistir aqui em Curitiba, na Federação Espírita do Paraná, a diversas curas feitas por meio do médium Cesário Gogone.

O Tenente Samuel Medeiros, que cursa o 4º ano da Faculdade de Medicina, foi operado do apêndice. Ele sentiu anestesiar o lugar, o corte, e os Espíritos mandaram-no introduzir a mão no lugar operado, chegando os seus dedos a ficar úmidos. Depois de operado, desapareceu o corte, restando apenas a cicatriz, que permaneceu vermelha alguns dias somente.

O confrade Ghignone foi operado do fígado, e dos cortes ficaram apenas as cicatrizes.

Foram diversas as operações de hérnias, apêndices, úlceras no estômago, estrabismo, surdez, etc.

Eu mesmo fui curado de uma cólica de fígado. Os Espíritos fizeram-me uma injeção e senti a picada da agulha, cujo sinal desapareceu depois de 3 dias. O que é importante notar é que no local não havia nem bisturi nem seringa de injeção. Em meio copo d'água puseram medicamentos, ouvindo-se distintamente, o bater do bastão de vidro a dissolver o remédio, sem que houvesse aí bastão de vidro. Depois que tomei o remédio, notou-se no fundo do copo um pó branco e arenoso, tendo o gosto da água ficado acidulado.

Todas estas curas foram operadas em plena escuridão, inclusive transfusão de sangue.

Como se vê, os Espíritos estão aumentando os fatos e fenômenos espíritas de maneira a convencer e a conduzir os homens à Verdade, conforme a profecia de Joel, segundo a qual o "espírito seria derramado sobre toda a carne".

O Clarim, de 02/01/1943.

FINAL DE UMA MENSAGEM

O Prof. Pietro Ubaldi, que, mediunicamente, recebeu a formidável obra filosófica *A Grande Síntese*, e que reside em Gubbio, na Perugia (Itália), recebeu três maravilhosas mensagens que lhe foram transmitidas pela "A Minha Voz".

Eis e final da terceira mensagem:

"Perguntareis quem sou.

Sou o calor do sol matinal, que espreita o desabrochar da flor que nada percebe. Sou o equilíbrio que, no tumulto dos elementos, assegura todas as vidas.

Sou o lamento da alma esfacelada, donde desabrocha a primeira visão do divino. Sou o equilíbrio que, nas vicissitudes dos fatos morais, promete a todos a salvação.

Sou o Rei do mundo físico da vossa ciência e sou o Rei do mundo moral que não vedes.

Sempre e por toda parte me procurais; mas, de fibra em fibra, sobre as vossas mesas de anatomia, de molécula em molécula, nos vossos laboratórios, sempre vos escapo na profundeza das coisas, e tanto mais quanto mais pesquisais, decompondo e dissecando a pobre matéria. Mas, sou o Espírito que anima todas as coisas, não com os olhos e os instrumentos materiais, porém com os olhos e os instrumentos do Espírito. Somente desta maneira me podeis encontrar.

Sou o sorriso da criança e a carícia maternal; sou o suspiro do moribundo que implora salvação; sou o calor do sol primaveril, que consigo trazer a vida; sou a beleza evanescente do instante que foge; sou o furacão que traz a morte; sou a eterna harmonia do Universo.

Sou o Amor; sou o Poder; sou a Concepção. Sou o Espírito que anima todas as coisas; sou onipresente. Sou a Lei, que mantém, por maravilhoso equilíbrio, o organismo do Universo. Sou a força irresistível que estimula a elevação de tudo. Sou o cântico imenso que a criação entoa ao seu Criador.

Sou tudo e tudo abranjo, até mesmo a maldade, pois que a domino e a circunscrevo para a boa causa.

Meu dedo escreve a história de miríades de mundos e de vidas, na eternidade e no infinito, traçando o caminho àqueles que se voltam para Mim, que os atraio com o meu amor e que os absorverei na minha luz.

Inúmeros mundos vi antes do vosso e inúmeros outros verei depois dele. Para Mim, as vossas grandes visões apocalípticas são pequeninas rugosidades na superfície do mar do tempo!...

Virei, como o relâmpago na tempestade, para dobrar os altivos e elevar os humildes. Virei triunfante na minha glória e no meu poder, vitorioso da maldade, que será precipitada nas trevas.

Precatai-vos, pois, quando eu já não for o amor que perdoa e vos protege, serei o vendaval que derrui. Serei a Lei que, escapada do controle do meu amor, terrivelmente se abaterá sobre vós, trazendo consigo a ruína.

Tudo, no Universo, se mantém ligado: as causas físicas e os efeitos morais, os efeitos físicos e as causas morais. Cerca-vos o apertado tecido do vosso organismo e vos enleia em cada uma das vossas ações.

A minha possante destra enfeixa o destino de mundos e, no entanto, sabe descer sobre a mais humilde criancinha, para lhe deter, com uma carícia, o choro; essa é a minha verdadeira grandeza. Ó vós, que me admiram no ímpeto da tempestade, admirai-me antes no poder, que tenho, de ser capaz de me fazer humilde para vós outros; na faculdade, que possuo, de ser capaz de descer do meu reino celeste à vossa treva. Admirai-me na grande força de que disponho, de diminuir-me, ao ponto de tornar-me pequenino qual sois.

Não vos peço que compreendais o poder que me coloca muito além de vós; peço compreendais o meu amor, que me torna igual a vós e de vós me aproxima. O meu poder vos espantaria e amedrontaria por vos dar de mim uma ideia exagerada, a de um Senhor despótico e vingativo. Não quero a vossa obediência pelo temor. Uma nova aurora de consciência e de amor tem que agora despontar. Tendes que vos alçar ao nível de uma lei mais elevada. Esta é a boa nova que hoje vos trago. Não sou o Senhor despótico e vingativo, como outrora foi necessário me supusessem; sou o amigo que dirige palavras de bondade ao vosso coração e à vossa razão. Não mais deveis temer e sim compreender. A vossa razão infantil despertou e eu venho para nela projetar a minha luz.

Sou a síntese da verdade e a verdade aparecerá em cada canto da terra e na luz da vossa inteligência. Não trago a guerra e sim a paz; não trago dissensões às vossas consciências, mas a fusão das ideias e das almas.

A humanidade terrena está em vésperas de ser Una, numa nova consciência espiritual. Não vos insulteis; compreendei-vos uns aos outros. Que cada um de vós conduza o seu grão de areia para a edificação da grande Fé; que isto vos torne irmãos todos. Que as religiões, manifestações dessa fé, e a ciência, que é vosso esforço, assim como todas as vossas instituições se modelem numa larga síntese e que isso se faça na minha luz, síntese da verdade.

Porque, eu sou o Caminho, a Verdade e a Vida".

CARIDADE NÃO É PRIVILÉGIO

A Caridade não é privilegio desta ou daquela religião, desta ou daquela instituição, do crente ou do descrente.

Muitos e muitos padres assim compreendem, mas há outros que não sabem que **espiritismo não é seita** e julgam que a caridade só é boa quando praticada pelos católicos romanos. A Igreja não a pratica, mas faz muito mandando que seus seguidores a pratiquem contanto que não tirem o que lhe toca a ela Igreja. E ai do padre-bom que assim proceda... O puro e boníssimo cristão autêntico Padre Euclides que o diga...

Aprecie-se, por exemplo, a mentalidade do Padre Ascânio Brandão, no artigo há pouco publicado no periódico católico-romano, de Petrópolis, "A Voz de Santo Antonio":

"**Cuidado! O Inimigo!** – O espiritismo e o Círculo Esotérico do Pensamento, irmãos gêmeos, vêm causando no Brasil tanto mal, tanto mal, que nem sei aonde chegaremos.

Nosso país, está provado com estatísticas desoladoras, é um dos maiores centros do espiritismo mundial.

Como disse o nosso Tristão de Ataíde, agora, sim, é que o 'mundo se curvou ante o Brasil...'

Triste glória! Dura realidade!

E a propaganda espírita é intensa, metódica, ativa em toda parte, até nos vilarejos mais pobres do sertão.

Há nos espíritas um zelo diabólico, um proselitismo de uma audácia incrível. Não perdem ocasião. Empregam todas as armas, mas a imprensa, e principalmente a imprensa, é que lhes merece mais carinho.

E tudo com cores sedutoras, explorando miserável e vergonhosamente a credulidade de nosso povo tão simples e de tão boa fé! Como isto me dói n'alma!

Num país sem clero, e consequentemente de organização católica deficiente, que fazer? Ah! Mas não podemos e não devemos cruzar os braços!... É um crime! O doce e sorridente otimismo de nossos católicos não quer acreditar na propaganda espírita, não reage, não tem espírito de propaganda e de apostolado. Contenta-se com as devoçõezinhas de oratória, com a sua irmandadezinha idolatrada, e... a Igreja se arrume com seus inimigos!

– Combater o espiritismo...

– Que intolerância!

Os espíritas rezam e creem em Deus...

– Posso ser católico e espírita...

É o que se ouve a cada passo. Estúpida ignorância! Ignorância funesta, que acaba levando às práticas do espiritismo centenas de famílias católicas. O espiritismo explora o sentimentalismo do brasileiro, a sua boa fé e coração generoso.

É em nome da caridade, do amor, da luz, da bem-aventurança e até dos santos mais queridos e populares entre nós que o espiritismo prega a sua doutrina e ganha prosélitos.

Corre por aí uma enxurrada de livrecos, de orações e preces espíritas, de folhetos e revistas, que na verdade impressionam e entristecem a quem tem um pouco de zelo pelas almas e amor à Santa Igreja!

Nos bairros operários das grandes metrópoles civilizadas, a par da propaganda bolchevista, há a propaganda espírita!

Exagero? – Percorre! Casa por casa, tende cuidado de visitar os cortiços e bairros operários!...

As revelações serão dolorosas! A realidade vos fará tremer!

E por que deixamos assim que o espiritismo domine e se propague? Por quê?

Porque nossas devotas se contentam com o seu terçozinho de madrepérola em genuflexório de veludo, com os sermões literários e a piedade elegante. São incapazes de uma obra de caridade pelo operário que sofre, não se abalam da sua fidalguia para descer até aos casebres humildes e dar a esmola de um pão ou de um sorriso ao desgraçado!

É verdade, consola-nos ver tantas senhoras da alta sociedade, almas verdadeiramente piedosas, que sabem se inclinar à miséria e têm almas de apóstolos, mas creiam, são raríssimas exceções!

Porque... enquanto o espírita fanático toma os seus livrecos, folhetos, revistas e preces e vai de casa em casa propagá-los com uma tenacidade e perseverança incríveis, o católico devolve o jornal católico, nega-se a ajudá-la, murmura da boa imprensa, rasga as folhas de propaganda como papéis inúteis, e nunca se dá ao trabalho de oferecer aos amigos boas leituras e instrução religiosa. Em matéria de imprensa e de vocações... Nem é bom falar!

Os nossos métodos de apostolado têm graves defeitos. Desperdiçamos energia, falta-nos unidade de vista, disciplina, enfim "*ação católica*"...

O Espiritismo se propaga, estamos já cansados de 0 saber, pela grande, a incrível ignorância religiosa do nosso povo.

Demos ao povo a boa imprensa! Que os filhos das trevas nos ensinem! Aprendamos do protestante, do espírita, a fazer propaganda!

Imprensa contra imprensa!

De nada vale gritar, clamar, discutir, passar descompostura no Espiritismo...

Vamos aos fatos.

Imprensa contra imprensa! Jornal contra jornal! Livro contra livro! Catecismo, muito catecismo ao povo, um olhar para os humildes, um olhar de caridade, de proteção, de socorro! A caridade cristã e boa imprensa nos livrarão da praga do Espiritismo.

Armas contra armas!

Padre Ascanio Brandão

A SITUAÇÃO DA CRIANÇA

Li uma obra interessantíssima do insuspeito Luis Figuier, *O destino do homem*. Insuspeito quanto ao Espiritismo, que ataca sem conhecer e que, sem saber, é um verdadeiro espírita no seu estudo sobre o destino do homem...

Sobre o sacramento do batismo, diz ele, com muita lógica:

"A religião cristã (devia Figuier dizer Católica-apostólica-romana) declara que as crianças que morrem vão para o Paraíso, se receberam o sacramento do batismo. Mas isso é julgar o procedimento dessas crianças, se sua existência seguisse o seu curso regular. Deus, concedendo a felicidade eterna a uma alma, por ter estado na terra apenas algumas horas, durante as quais nada pode fazer, nem bem nem mal, seria absolutamente injusto. Seria injusto para com o resto dos homens, impondo-lhes uma vida inteira de dolorosas provações, doando a eterna ventura a um ente que passou apenas algumas horas neste mundo. Para gozar a felicidade eterna, é preciso tê-la merecido.

Portanto, para compreender esta decisão da Igreja, é preciso supor Deus injusto e parcial. Criar uma alma para uma existência de dez minutos e conceder-lhe depois a eternidade das recompensas é o que Deus não podia fazer na sua equidade.

Mas, prossigamos. É esse o destino das crianças batizadas. E qual é o destino, aos olhos da Igreja, das crianças que morrem sem batismo? Alguns teólogos ferozes, que escreviam antes de Santo Agostinho, não hesitavam em condená-las às chamas eternas. Porém a opinião deles não prevaleceu e a doutrina de Santo Agostinho faz lei. A Igreja manda as crianças sem batismo para um purgatório especial, que se chama "limbo".

É um meio termo entre o Paraíso e o Inferno. Não se sofre os tormentos eternos, mas não se goza a contemplação de Deus; é o termo médio entre os dois extremos, penas e recompensas eternas.

Não é mau, mas os meninos que morrem batizados são pouco numerosos, em relação à humanidade inteira. A religião cristã (Figuier só dá esta denominação à igreja romana) é professada apenas por um pouco mais de um terço da população da Terra, e nem todos os cristãos batizam seus filhos. Por outro lado, muitos meninos morrem por acidente, antes de serem batizados. As cinco sextas-partes dos filhos dos homens morrem certamente sem terem recebido o sacramento salutar. Essas crianças iriam, pois, perder-se na imobilidade do limbo, frio túmulo, sonolenta estância das almas que são, por essência, toda a atividade e movimento. E Deus criaria, assim... almas sensíveis para atirar as cinco sextas-partes delas em uma espécie de aniquilamento!

Mas ainda não é tudo. A instituição do batismo é recente; data apenas de há 18 séculos. Antes do cristianismo, todas as crianças eram, necessariamente, privadas dessa cerimônia sacramental, e portanto iam todas, sem exceção, direito para o limbo!

A humanidade é muito antiga; é muito mais antiga do que pensavam os teólogos, e mesmo até estes "últimos anos, os sábios. Em vez dos cinco e seis mil anos clássicos a humanidade conta talvez cem mil anos de existência. Assim, durante cem mil anos, foram as crianças condenadas a ir para o limbo, e só há 1.800 anos é que um pequeno número delas, graças ao batismo, pode entrar no Paraíso!

Durante 98 mil anos, todas as almas das crianças foram povoar essas tristes necrópoles! E note-se que todas essas vítimas nada tinham feito para merecer tal sorte; porque evidentemente não era culpa delas não estar ainda o batismo instituído. De modo que esses pobres entes eram punidos por uma negação, de que eles nem tinham consciência!"

Figuier é interessante: discute com lógica e nos diz coisas certas como estas:

"Temos outro motivo para cultivar com cuidado as faculdades de nossa alma e purificar-nos constantemente pela prática do bem. Só as pessoas nobres e generosas, só as almas elevadas podem se comunicar com os mortos, com os entes queridos que perderam".

Ou então, noutro ponto, com muita razão, acha que os pais que conseguiram a paz celeste jamais se sentiriam felizes sabendo estar seus filhos, no inferno, a se estertorarem entre labaredas eternas. Diz ele tanta coisa certa sobre a Doutrina Espírita, mas diz ingenuidades como estas:

"Chamam-se espíritas os partidários de uma superstição nova que apareceu na América e na Europa, em 1855, em consequência da moléstia moral das mesas que giram".

E mais: – "Um indivíduo a que chamam médium serve de intermediário entre o evocador e a alma evocada". Adiante reconhece: – "Há no Espiritismo uma ideia verdadeira e respeitável: é a possibilidade do homem pôr-se em relação com a alma dos mortos". – O Espiritismo, que é contrário ao misticismo e ao fanatismo, é por ele julgado fonte de misticismo...

O Destino do homem é uma obra notável, mas a ela se pôde aplicar o ensinamento de Paulo: – "Leia de tudo e abrace o que é bom".

FRAGMENTOS

CRISES

"Sim, de certo, a humanidade se transforma, como já se transformou, noutras épocas, e cada transformação se assinala por uma crise que é, para o gênero humano, o que são, para os indivíduos, as crises de crescimento. Aquelas se tornam, muitas vezes, penosas, dolorosas, e arrebatam consigo as gerações e as instituições; mas são sempre seguidas de uma fase de progresso material e moral". Dr. Barry.

A Gênese, de Allan Kardec.

*

TUDO ESTAVA PREVISTO

A 7 de maio de 1856, Kardec recebia uma mensagem dizendo:

"O que podemos dizer é que haverá muitas ruínas e desolações, pois são chegados os tempos preditos de uma renovação da humanidade.

"A guerra dizimará os povos; as instituições vetustas se abismarão em ondas de sangue. Faz-se mister que o velho mundo se esboroe, para que uma nova era se abra ao progresso.

A guerra não se circunscreverá apenas a uma região, mas abrangerá a Terra. As coisas estão por um fio de aranha, meio partido. "A primeira centelha partirá da Itália".

Obras Póstumas, de Kardec.

*

TRANSFORMAÇÃO

"Àquele que viva bastante para abranger com a vista as duas vertentes da nova fase, parecerá que um mundo novo surgiu das ruínas do antigo. O caráter, os costumes, os usos, tudo está mudado. É que, com efeito, surgiram homens novos, ou melhor, regenerados. As ideias que a geração que se extinguiu levou consigo cederam lugar a ideias novas que desabrocham com a geração que se ergue".

A Gênese, de Kardec.

*

REMODELAÇÃO

"Opera-se presentemente um desses movimentos gerais, destinados a realizar uma remodelação da humanidade. A multiplicidade das causas de destruição constitui sinal característico dos tempos, visto que elas apressarão a eclosão dos novos germes. São as folhas que caem no outono e às quais sucedem outras folhas cheias de vida, porquanto a humanidade tem suas estações, como os indivíduos têm suas várias idades. As folhas mortas da humanidade caem batidas pelas rajadas e pelos golpes do vento, porém para renascerem mais vivas sob o mesmo sopro de vida, que não se extingue, mas se purifica".

A Gênese, de Kardec.

*

PALAVRAS DE SÃO THIAGO

"Meus irmãos, que aproveita se alguém disser que tem fé e não tiver as obras? Porventura a fé pode salvá-lo? – E se o irmão ou a irmã estiverem nus e tiverem falta de mantimentos quotidiano, e algum de vós lhe disser: – "Ide em paz, aquentai-vos e fartai-vos e lhe não derdes as coisas necessárias para o corpo, que proveito virá daí? Assim também a fé, senão tiver as obras, é morta em si mesma". E diz mais Thiago: – "Tu crês que há um só Deus; fazes bem; também os demônios o creem, e estremecem". – "Porque assim como o corpo sem o Espírito está morto, assim também a fé, sem obras, é morta".

*

O ESPÍRITO VERDADE

"Se me amais, guardai os meus mandamentos – e eu pedirei a meu Pai e Ele vos enviará outro Consolador, a fim de que fique eternamente convosco: – O Espírito Verdade, que o mundo não pode receber, porque não o vê; vós porém o conhecereis, porque permanecerá convosco e estará em vós. Mas o Consolador, que é o Espírito Santo, que meu Pai enviará em meu nome, vos ensinará todas as coisas e fará vos lembreis de tudo o que vos tenho dito". São palavras de Jesus. Qual o meio usado pelo Espírito Verdade para nos ensinar? Naturalmente por um intermediário, o 'médium'.

E mais, – " **Tenho muitas coisas a dizer-vos, mas presentemente não podeis suportar. quando vier esse "Espírito Verdade" ele vos ensinará toda a verdade**".

*

EXEMPLIFICAR

"Nem todo o que me diz: Senhor, Senhor, entrará no reino dos céus, mas aquele que faz a vontade de meu Pai, que está nos céus.

Muitos me dirão naquele dia: — Senhor, Senhor, **não profetizamos nós em teu nome**? E em teu nome não **expulsamos demônios**? E em teu nome não fizemos muitas maravilhas?

E então lhes direi **abertamente**: – Nunca vos conheci; apartai-vos de mim vós que **praticais** a iniquidade". Essas palavras de Jesus vêm nos mostrar que não basta pregar e curar em seu nome: é preciso exemplificar e esta é a mais difícil coisa que temos a fazer e que rarissimamente fazemos.

Para consegui-lo só mesmo com muita oração e vigilância. Que o digam os que se incumbem da difusão dos ensinamentos do Mestre.

*

QUE DESEJAS?

Que desejas do Espiritismo? O conhecimento de ti mesmo para tua evolução moral na prática da cooperação e da solidariedade? – Busca-o.

Possibilidades, com os novos conhecimentos, do aproveitamento de teus fluidos e pensamentos em benefício do teu próximo? – Busca-o.

Compreensão do espírito de humanitarismo? Busca-o.

Aquisição de benevolência, tolerância, paciência e resignação? – Busca-o.

Exagero religioso, misticismo entorpecente ou fanatismo? – Desiste.

Bens materiais, riquezas e posições? – Desiste.

*

A NOSSA LÍNGUA

São ainda de Thiago estas palavras: – "Porque todos tropeçamos em muitas coisas. Se alguém não tropeça em palavra, o tal varão é perfeito e poderoso para também refrear todo o corpo. – Ora, nós pomos freio nas bocas dos cavalos, para que nos obedeçam; e conseguimos dirigir todo o seu corpo. Vede também as naus que, sendo tão grandes e levadas de impetuosos ventos, se viram com um bem pequeno leme para onde quer a vontade daquele que as governa. Assim também a língua é um pequeno membro e gloria-se de grandes coisas. Vede quão grande bosque um pequeno fogo incendeia".

✳

VERDADES

Ainda sobre a língua diz Thiago: — "Porque toda a natureza, tanto de bestas feras como de aves, tanto de répteis como de animais do mar, se amansou e foi domada pela natureza humana; mas nenhum homem pode domar a língua. É um mal que não se pode refrear; está cheia de peçonha mortal. Com ela bendizemos a Deus e Pai, e com ela amaldiçoamos os homens, feitos à semelhança de Deus. De uma mesma boca procedem a bênção e a maldição. Meus irmãos, não convém que isto se faça assim".

✳

DE "IMPERATOR"

Aproxima-se o tempo em que um novo raio de luz dissipará o nevoeiro da ignorância humana; as sublimes verdades que estamos encarregados de proclamar apagarão da superfície da Terra de Deus a rivalidade sectária, a amargura teológica, a cólera, a má vontade, o rancor, o orgulho farisaico que desfiguram o nome de religião e tornam a teologia sinônima – entre os homens – de discórdia".

*

SER CRISTÃO

Ser Cristão não é receber um batismo material desta ou daquela seita. É conhecer a doutrina de Jesus e seguir-lhe, de fato, os ensinamentos para seu próprio proveito e de seus semelhantes, tanto aqui na Terra como no Espaço.

Como conseguir os suaves ensinamentos do Cristo de Deus? Lendo, estudando e meditando aquilo que está nos Evangelhos e resumindo tudo quanto aprender a um só mandamento, que em si encerra as leis e os profetas: – "**ama a deus sobre todas as coisas e ao próximo como a ti mesmo**". – Mas... Se perguntarmos a um milhão de brasileiros se são cristãos, responderão que sim, mas se perguntarmos a 99% se já leu os Evangelhos, responderá que não...

*

SOU MUITO POBRE

Encontra-se, constantemente, por aí, muita gente de vistas ótimas e ouvidos agudos, transpirando saúde por todos os poros e que vive a se queixar de ser muito pobre. Anda e se locomove por seus pés e vai para onde quer e não vê os paralíticos no fundo de uma cama ou sobre uma cadeira de rodas; come o seu pratarrão de feijão "com qualquer coisa", dorme oito ou dez horas seguidas e não vê ricos que não podem comer e se esgotam em noites de insônia; estende seu olhar pelo céu cheio de estrelas, ou cheio de maravilhosas paisagens formadas pelas nuvens multicores, nos dias claros, e não se lembram dos infelizes que tudo dariam para ver essas mesmas coisas. Ofereçam a esse "pobre" um milhão pelas pernas, pelos braços, pelos olhos...

*

PREFERÊNCIAS...

"Porque, se no vosso ajuntamento entrar algum homem com anel de ouro no dedo, com vestidos preciosos e entrar também algum pobre, com sórdido vestido, e atentardes para o que traz o vestido precioso e lhe disserdes: "Assenta-te tu aqui, num lugar de honra" e disserdes ao pobre: – "Tu, fica aí em pé ou assenta-te debaixo do meu estrado". Porventura não fizestes distinção dentro de vós mesmos e não vos fizestes juízes de maus pensamentos? – Porventura não escolheu

Deus aos pobres deste mundo, para serem ricos na fé e herdeiros do reino que prometeu aos que o amam? – Mas vós desonrastes o pobre. Porventura não vos oprimem os ricos e não vos arrastam aos tribunais?" São tópicos de uma carta do apóstolo Thiago sobre o procedimento dos que dirigem cultos...

*

TRANSFORMAÇÕES

"Descobrem-se profundezas novas na alma, à proporção que ela se transforma como se fosse formada de camadas sobrepostas, cada uma das quais permanece desconhecida, enquanto está coberta por outras".

William James.

*

O VELHO MUNDO

"O velho mundo carcomido, estala por toda parte; o velho mundo acaba e com ele todos esses velhos dogmas, que só reluzem ainda pelo dourado que os cobre. Espíritos valorosos, cabem-vos a tarefa de raspar esse ouro falso. Para trás, vós que em vão quereis escorar o velho ídolo. Atingido de todos os lados ele vai ruir e vos arrastará na sua queda". "Um Espírito".

*

ABOLIÇÃO DA MORTE

"Disse-se que o Cristo havia posto às claras a vida e a imortalidade. É verdade no sentido mais lato, e os homens começam apenas a perceber o resultado da revelação do Cristo, que é a abolição da morte, a demonstração da imortalidade. O homem nunca morre, não poderia morrer ainda que quisesse". – "Imperator".

*

A IMORTALIDADE

Ainda são do Espírito "Imperator" estas palavras: – "A imortalidade do homem, admitida não como artigo de fé, mas como resultado da experiência pessoal, é a base da abóboda da religião futura. Nela estão todas as grandes verdades que ensinamos, as mais nobres concepções do dever, as mais vastas perspectivas do destino, as mais verdadeiras realizações da vida".

*

LOMBROSO CONFESSA

"Até 1890 foi acérrimo adversário do Espiritismo" – Mas em 1891 cuidou de uma cliente que, em certos momentos, perdia a faculdade de ver com os olhos, mas via com os ouvidos. Lia com os olhos vendados escritos que lhe apresentassem ao ouvido. E diz Lombroso na "Arena" de Turim: – "Confesso que, pelo menos, pareciam-me (os fatos) inexplicáveis pelas teorias fisiológicas e patológicas estabelecidas até então. Parecia-me bem clara uma única coisa; é que esse estado punha em ação numa pessoa dantes inteiramente normal, forças singulares em relação com sentidos desconhecidos. Foi então que tive a ideia de que talvez o Espiritismo me facilitasse a aproximação da verdade".

CONCLUINDO

Ninguém melhor que Kardec sabe expor uma doutrina ou fazer um comentário e tirar deduções lógicas em matéria espiritual. Daí a razão por que procurei difundir mais e mais os ensinamentos transmitidos por aquele sábio.

Encerro, pois, este livrinho, com um capítulo do coordenador da Terceira Revelação de Deus pelos seus Mensageiros.

"O Espiritismo se apresenta sob três aspectos diferentes: o das manifestações, o dos princípios e da filosofia que deles decorrem e o da aplicação desses princípios. Daí, três classes, ou antes, três graus de adeptos:

1º – Os que creem nas manifestações e se limitam a comprová-las; para esses o Espiritismo é uma ciência experimental;

2º – Os que lhe percebem as consequências morais;

3º – Os que praticam ou se esforçam por praticar essa moral.

Qualquer que seja o ponto de vista científico ou moral, sob que considerem esses estranhos fenômenos, todos compreendem constituírem eles uma ordem inteiramente nova de ideias que surgem e da qual não pode deixar de resultar uma profunda modificação no estado da humanidade e compreendem, igualmente, que essa modificação não pode deixar de operar-se no sentido do bem.

Quanto aos adversários, também podemos classificá-los em três categorias:

1º – A dos que negam, sistematicamente, tudo o que é novo ou dele nos vem e falam sem conhecimento de causa. A esta classe pertencem todos os que não admitem senão o que possa ter o testemunho dos sentidos. Nada viram, nada querem ver e ainda menos aprofundar. Ficariam mesmo aborrecidos se vissem as coisas muito claramente porque forçoso lhes seria convir em que não têm razão. "Para eles o Espiritismo é uma quimera, uma loucura, uma utopia e não existe; está dito tudo. São os incrédulos de caso pensado. Ao lado desses podem ser colocados os que não se dignam e dar aos fatos a mínima atenção, sequer por desencargo de consciência, a fim de poderem dizer: quis ver e nada vi. Não compreendem que seja preciso mais de meia hora para alguém se inteirar de uma ciência.

2º – A dos que, sabendo muito bem o que pensar da realidade dos fatos, os combatem, todavia, por motivos de interesse pessoal. Para estes o Espiritismo existe, mas lhe receiam as consequências. Atacam-no como a um inimigo.

3º – A dos que acham na moral espírita uma censura por demais severa aos seus atos ou às suas tendências. Tomado ao sério, o Espiritismo os embaraçaria; não o rejeitam nem o aprovam, preferem fechar os olhos.

Os primeiros são movidos pelo orgulho e pela presunção; os segundos, pela ambição; e os terceiros, pelo egoísmo".

E Kardec assim termina estas considerações:

"Fora presumir demais de a natureza humana supor que ela possa transformar-se de súbito, por efeito das ideias espíritas. A ação que estas exercem não é certamente idêntica, nem do mesmo grau, em todos os que a professam. Mas, o resultado dessa ação, qualquer que seja, ainda que extremamente fraco, representa sempre uma melhora. Será, quando menos, o de dar a prova da existência de um mundo extracorpóreo, o que implica a negação das doutrinas materialistas. Isto deriva da só observação dos fatos. Porém, para os que compreendem o Espiritismo filosófico e nele veem outra coisa que não somente os fenômenos mais ou menos curiosos, diversos são os seus efeitos.

O primeiro e mais geral consiste em desenvolver o sentimento religioso até naquele que, sem ser materialista, olha com absoluta indiferença para as questões espirituais. Daí lhe advém o desprezo pela morte. Não dizemos o desejo de morrer; longe disso, porquanto o espírita defenderá sua vida como qualquer outro, mas uma indiferença que o leva a aceitar, sem queixa, nem pesar, uma morte inevitável, como coisa mais de alegrar do que de temer, pela certeza que tem do estado que se lhe segue.

O segundo efeito, quase tão geral como o primeiro, é a resignação nas vicissitudes da vida. O Espiritismo dá a ver as coisas de tão alto que, perdendo a vida terrena três quartas partes da sua importância, o homem não se aflige tanto com as tribulações que a acompanham. Daí, mais coragem nas aflições, mais moderação nos desejos. Daí, também, o banimento da ideia de abreviar os dias da existência, por isso que a ciência espírita ensina que, pelo suicídio, sempre se perde o que se queria ganhar. A certeza de um futuro, que temos a faculdade de tornar feliz, a possibilidade de estabelecermos relações com os entes que nos são caros, oferecem ao espírita suprema consolação. O horizonte se lhe dilata ao infinito, graças ao espetáculo a que assiste incessantemente, da vida de além-túmulo, cujas misteriosas profundezas lhe é facultado sondar.

O terceiro efeito é o de estimular no homem a indulgência para com os defeitos alheios. Todavia, cumpre dizê-lo, o princípio egoísta e tudo que dele decorrerão o que há de mais tenaz no homem e, por conseguinte, de mais difícil de desarraigar. Todos fazem voluntariamente sacrifícios, contanto que nada custem e de nada os privem. Para a maioria dos homens, o dinheiro tem ainda irresistível atrativo e bem poucos compreendem a palavra supérfluo, quando de suas pessoas se trata. "Por isso mesmo, a abnegação da personalidade constitui sinal de grandíssimo progresso".

FIM

— * —

UMA OBRA DE **NELSON MORAES**

Autor: Nelson Moraes

Gênero: Espiritismo
14 x 21 cm | 128 páginas

Perdoa-me, se na minha ignorância feri você. Talvez eu tenha sido um crítico muito severo, detendo-me apenas nas observações dos seus erros e falhas, esquecendo das enormes qualidades que você possui.

Tive olhos para ver o argueiro em você, sem perceber a trave empanando-me a visão. Reconheço em mim algumas das fraquezas que encontrei em você, portanto, jamais poderia ter atirado a primeira pedra.

Compreendo, agora, que todos estamos matriculados na escola da vida, na condição de eternos aprendizes e que somos passíveis de erros e falhas, por isso mesmo lhe preço, perdoa-me.

UMA OBRA DE **SAARA NOUSIAINEN**

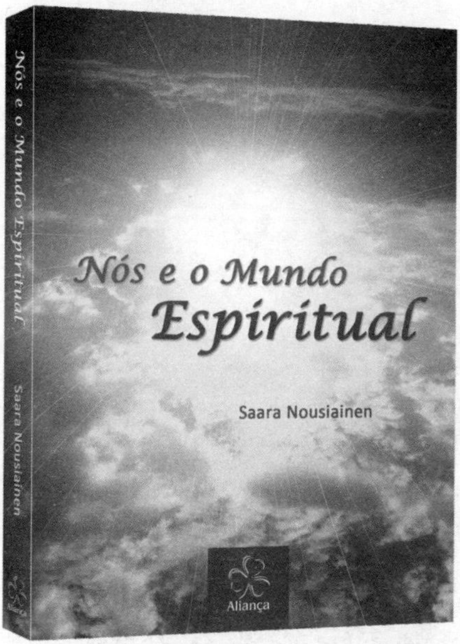

Autor: Saara Nousiainen

Gênero: Espiritismo
11 x 15 cm | 208 páginas

Tudo sobre o mundo espiritual e seu inter-relacionamento conosco, nos milenares processos evolutivos do ser humano e da vida.

- Para onde vamos depois da morte.
- As leis cósmicas.
- Obsessão.
- Mediunidade.
- A reencarnação.
- O mundo espiritual.
- O que são espíritos sofredores.

Os ensinamentos de Jesus sob nova ótica e muitas outras questões.